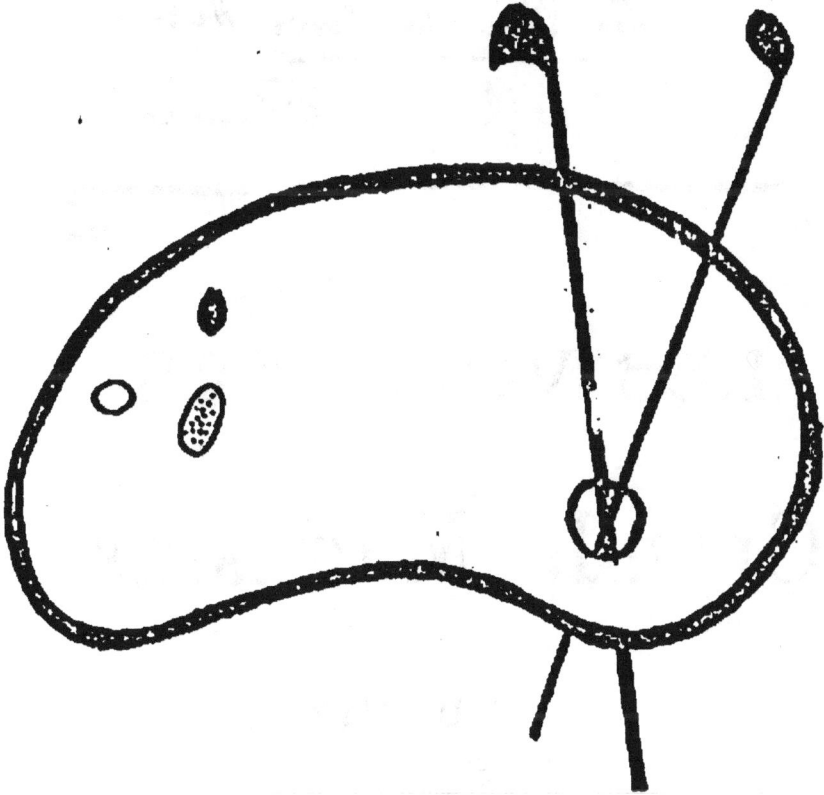

COUVERTURE SUPERIEURE ET INFERIEURE
EN COULEUR

641

" Le vice aussi est une misère "
(Les Bienfaiteurs Acte 5.)

Borleux

LES VOLEUSES

DE

Grands Magasins

PAR LE

Dʳ Paul DUBUISSON

Médecin en chef de l'Asile Sainte-Anne
Expert près le Tribunal de la Seine

A. STORCK & Cⁱᵉ, ÉDITEURS

PARIS, 16, rue de Condé. — 8, rue de la Méditerranée, LYON

A. STORCK & Co., Imprimeurs-Éditeurs. LYON

PARIS. — 16, rue de Condé. — PARIS

LES VOLEUSES

DE

GRANDS MAGASINS

« Le vice aussi est une misère »
(Les Bienfaiteurs Acte I.)

Porsenys

LES VOLEUSES

DE

Grands Magasins

PAR LE

Dᴿ Paul DUBUISSON

Médecin en chef de l'Asile Sainte-Anne
Expert près le Tribunal de la Seine

A. STORCK & Cⁱᵉ, Éᴅɪᴛᴇᴜʀs

Pᴀʀɪs. 16, rue de Condé. — 8, rue de la Méditerranée. Lʏᴏɴ

LES VOLEUSES

DE

GRANDS MAGASINS

CHAPITRE PREMIER

HISTORIQUE

——

I

De tous les actes délictueux dignes de fixer en ce moment l'attention du criminologiste, du psy-hologiste, du médecin, il n'en est peut-être pas ui, par sa fréquence et par les curieuses circons-ances qui l'entourent, mérite une mention plus articulière que le vol dans les grands magasins. l ne se passe pas de jour que l'une ou l'autre des hambres correctionnelles du tribunal de Paris 'ait à juger quelque femme prévenue de vol au

Bon-Marché, au Louvre, au Printemps ; et si l'on songe, d'une part, au nombre d'affaires de ce genre arrêtées, pour les motifs les plus divers, avant d'arriver à l'audience, d'autre part, au nombre des vols dont les auteurs n'ont pas été pris, on est amené à penser que ce genre de délits est véritablement extraordinaire.

Et ce qui augmente l'intérêt qui s'y doit attacher, c'est la qualité même d'un très grand nombre de ces délinquants. Assurément on retrouverait accidentellement parmi eux le voleur ou la voleuse de profession qui vend au receleur, le pauvre ou la pauvresse qui se laisse tenter et vole pour se procurer le nécessaire, mais ces délinquants-là sont minorité dans l'ensemble. Le voleur ou plutôt la voleuse de grand magasin — car c'est ici la femme qui est principalement en cause — appartient très souvent à la classe aisée, quelquefois même à la classe riche. C'est dans beaucoup de cas une femme bien élevée, dont l'existence hors des grands magasins est irréprochable, qui a largement de quoi subvenir à tous ses besoins, qui n'a pour commettre un vol ni le motif de la misère ni le mobile du vice. Les magistrats que leurs fonctions mettent en contact avec cette caté-

gorie de délinquants n'ont pas d'expression pour
dire leur surprise, leur stupéfaction en présence
de certains faits.

Ces faits sont effectivement si étranges que les
hommes les moins disposés, par tempérament ou
par profession, à voir un malade dans tout individu qui transgresse la loi pénale, en viennent à
se demander si des personnes de cette sorte sont
bien réellement en possession d'elles-mêmes. Leur
éducation, leur situation dans le monde, l'absur-
dité d'un acte qui ne s'explique même pas, puisqu'elles peuvent presque toujours se satisfaire
autrement, tout devrait concourir à les arrêter, et
cependant l'expérience montre clairement qu'il
n'en est rien. Le dédain ou l'oubli d'intérêts si
pressants est tellement incompréhensible qu'on va
chercher dans des motifs pathologiques la raison
de faits que les motifs ordinaires semblent ne
pouvoir pas expliquer.

C'est pour cette sorte de vols, si difficiles à interpréter, que fut créé, il y a trois quarts de siècle, le
mot de *kleptomanie* ou monomanie du vol.

On sait ce qu'Esquirol et ses élèves entendaient
par *monomanie*. C'était le délire partiel opposé au
délire général. Dans la mor ·manie, la lésion por-

tait tantôt sur les facultés intellectuelles — *monomanie intellectuelle*, — tantôt sur les facultés
affectives, — *monomanie affective* ou *monomanie
raisonnante*, — tantôt enfin sur la volonté — *monomanie sans délire* ou *monomanie instinctive*. Dans
ce dernier cas, — celui qui nous intéresse plus
spécialement ici, — « le malade, hors des voies
ordinaires est entraîné, dit Esquirol, à des actes
que la raison ou le sentiment ne déterminent pas,
que la conscience réprouve, que la volonté n'a plus
la force de réprimer ; les actions sont involon-
taires, instinctives, irrésistibles ».

C'est à cette sorte de monomanie, la monomanie
instinctive, que se rattacha la kleptomanie.

Esquirol, qui a admis et décrit la monomanie
d'ivresse, la monomanie incendiaire, la monomanie homicide, a passé sous silence la monomanie du vol. Est-ce oubli de sa part ? Cela n'est
guère admissible : on en parlait trop autour de
lui. J'aime mieux penser qu'il n'y croyait pas. Ses
disciples, plus hardis ou plus logiques que lui-
même, n'ont pas hésité, eux, à introduire la manie
du vol ou kleptomanie dans le cadre des monomanies instinctives, en lui attribuant tous les caractères cités plus haut.

Dans son ouvrage, si riche de faits et si intéressant à tant d'égards, Marc consacre un chapitre important à la kleptomanie. Après avoir étudié le vol chez des individus frappés dans leur intelligence, il en vient aux kleptomanes proprement dits :

« Ce n'est pas seulement, dit-il, du penchant au vol qui se manifeste au milieu d'une aberration plus ou moins générale de l'intelligence, penchant très souvent raisonné d'après des motifs d'intérêt privé, que nous avons dû parler ici. C'est plus particulièrement de cette propension instinctive, irrésistible au vol, dont il va être question maintenant ; propension presque toujours permanente, qui porte celui qui en est atteint à s'emparer furtivement d'objets qui sont la propriété d'autrui et forme ce que nous appelons la *kleptomanie ;* dans laquelle enfin la raison, à cela près, conserve tout son empire. »

Et Marc ajoute : « Ce serait une entreprise insensée que de vouloir se livrer à des discussions théoriques sur ce singulier penchant ; car les bornes des connaissances humaines nous arrêteraient bientôt, sans aucun profit pour la science. Ma tâche se réduira donc à démontrer la réalité de la monomanie du vol, et cette démonstration sera uniquement fondée sur l'exposition de plusieurs faits concluants. »

Suivent quatorze observations, dont six sont empruntées à un ouvrage (*Nouvelles Recherches sur les maladies de l'esprit*) de M. Matthey. Toutes ces observations nous montrent des individus, hommes ou femmes, mais surtout des femmes, occupant un rang dans la société, de réputation excellente, ayant largement de quoi subvenir à leurs besoins et même à leurs caprices, et cependant ne pouvant s'empêcher de voler :

C'est une demoiselle fille de parents riches et de noble extraction, douée d'un bon caractère et d'un esprit sain, qui fait main basse sur tous les objets qui frappent sa vue : mouchoirs, dés, fichus, bas, gants, qu'elle enlève à ses compagnes ;

C'est un employé du gouvernement qui a la singulière manie de voler les ustensiles de ménage ;

C'est un médecin instruit qui prend dans les maisons où il est reçu les couverts de table, et rien autre ;

C'est la femme d'un homme célèbre qui n'achète jamais rien dans un magasin sans y soustraire en même temps quelque chose ;

C'est un homme immensément riche qui se procure habituellement du bouillon en le soutirant au moyen d'une seringue de la marmite de ses voisins, etc., etc.

Comme Marc craint, non sans raison, qu'il ne soit trop aisé de faire du voleur vulgaire un kleptomane, il appelle l'attention sur certains caractères capables d'éviter toute confusion. Il recommande en particulier de considérer avant tout la position sociale de l'inculpé, sa moralité habituelle et la valeur de l'objet soustrait. Lorsque le peu de valeur de l'objet soustrait comparée avec la fortune du voleur, ou la bizarrerie du choix de cet objet rendent son action inexplicable, il faut bien arriver, dit-il, par voie d'exclusion, à supposer l'influence d'une aberration mentale et spécialement d'une kleptomanie, lorsque d'ailleurs la raison est parfaitement saine.

D'autres indices, lorsqu'ils se rencontrent, peuvent servir à constater la monomanie du vol. Tels sont, par exemple, l'aveu spontané du voleur, et surtout la restitution de l'objet volé, ou bien le prompt dédommagement du tort fait à autrui. Marc insiste également sur la recherche des causes qui influent sur cette sorte de folie : il place au premier rang la disposition héréditaire, mais il croit également à l'influence chez la femme de certaines fonctions intermittentes de l'organisme, telles que la menstruation, la grossesse, la lactation.

Malgré toute la précision apportée par Marc et d'autres auteurs dans la description de la kleptomanie, cette monomanie-là, comme les autres, fut assez froidement accueillie des magistrats, devant lesquels on venait soutenir l'irresponsabilité du kleptomane. Combattue et même tant soit peu ridiculisée, la kleptomanie éprouva la même fortune que la monomanie du meurtre et la monomanie d'incendie. L'arme forgée par les aliénistes tira sa valeur de la main qui la maniait. Dans des cas habilement choisis, soutenue par une éloquence persuasive, elle eut l'art de se faire agréer ; aux mains d'imprudents et de maladroits elle ne recueillit que des sarcasmes.

« Ce qui me chiffonne, dit à son avocat un prévenu peint par Daumier, c'est que je suis accusé de douze vols.

— Tant mieux, réplique l'avocat, nous plaiderons la kleptomanie. »

Il est presque oiseux de dire qu'il devait arriver

pour la kleptomanie de Marc ce qui arriva pour l'homicidomanie et la pyromanie d'Esquirol et pour toutes les autres monomanies quelconques. A mesure que l'étude du cerveau malade se développa, et qu'on distingua mieux ses différentes affections, quantité de cas que, dans l'impuissance de les ranger ailleurs, on avait classés parmi les monomanies instinctives trouvèrent d'autres étiquettes et furent restitués à des affections infiniment plus certaines et beaucoup plus faciles par conséquent à faire admettre des magistrats.

Au temps où Esquirol créait les monomanies, une affection comme la paralysie générale, qui tient aujourd'hui une si grande place en aliénation mentale, commençait à peine à être connue ; d'autres, comme l'épilepsie, comme l'hystérie et même comme la démence ou l'imbécillité, l'étaient fort mal ; il n'est pas jusqu'aux formes les plus fréquentes et les plus aisément observables de la folie, malgré les admirables descriptions que les auteurs d'alors nous en ont laissées, qui ne fussent loin de s'être encore pleinement révélées. Quand sur tous ces points les aliénistes furent devenus plus instruits, ils s'aperçurent que nombre d'actes délictueux qu'on avait, faute de mieux, attribués

à l'homicidomanie, à la kleptomanie, à la pyromanie devaient être attribués à la paralysie générale, à la démence sénile, à l'imbécillité, à l'épilepsie, et les vieilles monomanies furent d'autant
réduites, au grand bénéfice, avouons-le, et de la
science et de la justice.

II

Cependant, quelque restriction que les progrès
de l'aliénation mentale aient apportée à la vieille
conception de la kleptomanie, celle-ci, à travers
beaucoup d'épreuves, a réussi à se maintenir, et
s'il fallait s'en rapporter à ce qu'on lit dans certains
traités, il semblerait qu'elle est aujourd'hui mieux
assise et plus solidement établie que jamais. Il est
vrai que sa physionomie actuelle diffère sensible-
ment de ce qu'elle était au temps de Marc.

On sait quelle profonde influence ont exercée les
idées de Morel, le médecin de Saint-Yon, sur l'aliénation mentale. Sa doctrine des Dégénérescences
ou de la Dégénérescence a fait un tout, et un tout
solide — en apparence du moins, — d'un certain
nombre d'éléments épars, dont quelques-uns, jus-

qu'alors isolés et réduits à leurs propres forces, faisaient assez piètre figure dans les discussions. Telles la monomanie instinctive et la monomanie raisonnante ou folie morale. Morel, en constituant le groupe des dégénérés et en y plaçant quantité de ces malades douteux à côté d'autres qui ne l'étaient pas, comme les idiots, leur donna de suite une résistance à la discussion qui jusque-là leur avait manqué. Il faisait valoir les caractères communs à l'idiot, au fou moral, au monomane instinctif, il montrait de part et d'autre, au degré près, les mêmes malformations physiques ou morales, les mêmes stigmates, et il y avait certainement là de quoi faire réfléchir les plus sceptiques adversaires des monomanies.

Morel a fait école, sa doctrine s'est développée, et sous le couvert de la dégénérescence mentale, la kleptomanie est venue reprendre sa place dans le cadre de l'aliénation mentale, parmi les impulsions dites irrésistibles, à côté des terreurs irraisonnées ou phobies, non loin de la folie morale, de l'imbécillité et de l'idiotie.

Ce n'est plus, il est vrai, comme autrefois, une entité morbide, une affection distincte, indépendante : c'est un simple symptôme constituant avec

d'autres l'état mental du dégénéré, symptôme
fugace, passager, antérieur ou consécutif à des
symptômes analogues, tels que l'agoraphobie,
l'arithmomanie, l'homicidomanie, la suicidoma-
nie, etc., et, à ce titre, ayant droit au nôm de syndrôme, c'est-à-dire de membre d'une association
de symptômes. La kleptomanie, vous diront les
auteurs, est un syndrôme épisodique de l'état
mental du dégénéré. Ce qui revient à dire que tout
dégénéré est, de par sa nature maladive, un impulsif ou un phobique, et que, suivant les circonstances, il peut être sujet à des peurs irraisonnées
ou irrésistiblement poussé à boire, à jouer, à
exhiber ses parties génitales, à voler, à mettre le
feu, à tuer, etc., etc.

Ce serait une erreur de croire que prise en elle-
même la kleptomanie des successeurs de Morel
diffère essentiellement de ce qu'elle était avant lui,
au temps de Matthey ou de Marc. Ce qui a changé,
ce n'est pas, au fond, l'idée qu'on s'en fait, c'est
la place qu'on lui donne dans le cadre de l'aliénation, et il faut bien reconnaître que cette place
n'est pas sans importance au point de vue médico-
légal.

La kleptomanie, dans la nouvelle doctrine, n'est

plus, comme au temps de Marc, une tendance maladive chez un individu sain sous tout autre rapport, une sorte d'entité se suffisant à elle-ême ; c'est maintenant un symptôme, un syn-rôme, chez un individu anormal à bien d'autres 'gards, c'est une anomalie à côté de beaucoup d'autres anomalies. Réduite à elle-même, affection autonome, la kleptomanie n'était rien. Par le seul fait de son association à d'autres symptômes de même ordre, elle devient quelque chose, elle prend force et importance. Il n'y a rien là de particulier et que nous ne retrouvions partout en séméiologie. Un mal de tête en soi n'est que fort peu de chose, mais qu'il s'associe à du strabisme ou à des vomis-sements, ou à une angine, ou simplement à de la fièvre, de suite il prend un caractère inquiétant. Ainsi de la kleptomanie : isolée elle n'était qu'un objet de raillerie ; membre d'une collectivité, d'un syndicat en quelque sorte, elle bénéficie de sa parenté avec des manies plus inoffensives et moins contestables, et elle impose le respect.

C'est ce que le plus en vue des tenants actuels de la doctrine, le créateur des syndrômes épidosiques de la dégénérescence mentale, M. le Dr Magnan, a fort bien exprimé : « Pour le public, dit-il en parlant de l'onomatomane, c'est un original, et pour beaucoup de médecins un simple prédisposé, et cependant y a-t-il, au point de vue de la nature de la maladie, une différence avec cet autre déséquilibré qui, lui, n'a pas un mot à projeter au dehors, mais bien un choc, et qui, sans motif, est poussé à porter un coup violent sur le passant inoffensif placé devant lui ? Celui qui donne un coup n'est plus regardé comme un original, c'est un aliéné dangereux, et cependant le trouble fonctionnel n'est-il pas le même ? Que se passe-t-il là, en effet ? N'est-ce pas encore un besoin irrésistible de mouvement, une décharge d'un centre en état d'éréthisme ? Dans les deux cas il y a d'abord lutte, résistance, mais peu à peu le centre surexcité s'émancipe, échappe à l'action modératrice des centres supérieurs, c'est-à-dire à la volonté. Le sujet qui prononce le mot malgré lui, celui qui frappe malgré lui, sont pour le clinicien des malades du même groupe. La nature du phénomène est la même, les conséquences de l'acte seules diffèrent. »

En effet, elles diffèrent, et de façon assez sensible. Mais l'assimilation n'en est pas moins établie, et brillamment soutenue comme elle l'a été, la doc-

rine aurait eu quelque chance de faire impression
ur le public aussi bien que sur les juges si l'abus
ême qu'on en a fait ne l'avait compromise
resque aussitôt, et si, de son côté, la simple obser-
ation de la réalité n'était venue démontrer qu'on
'était peut-être un peu trop hâté de généraliser
uelques faits particuliers.

On a d'abord fait cette remarque que l'impulsif
comme le phobique ne changent pas aussi aisé-
ent d'impulsion et de phobie qu'on veut bien le
dire. Chacun semble tenir à son syndrôme, ou ne
se meut que dans un cercle fort restreint ; l'impulsif à syndrôme inoffensif ne le troque guère
contre un syndrôme dangereux, et, s'il est onomatomane ou arithmomane, il est rarement pris du
besoin irrésistible de tuer ou de voler le voisin.

On a remarqué également que si les impulsions
inoffensives sont fréquentes au point qu'on peut
dire d'elles qu'elles courent les rues — il est peu de
gens qui n'aient leur petite manie — les impulsions
vraiment dangereuses sont tellement exceptionnelles qu'un aliéniste n'en rencontrera que quelques cas dans toute sa vie de médecin et d'expert.
Je parle, bien entendu, des cas certains, car depuis
que la doctrine de la dégénérescence s'est répan-

due dans le monde on a vu surgir autour des asiles
nombre de kleptomanes et d'homicidomanes dont
toute l'impulsion consiste en réalité, non à tuer ou
à voler, mais simplement à chercher dans un établissement d'aliénés un refuge passager contre les
difficultés de la vie.

Ce n'est pas tout. L'observation a encore montré
que si les impulsifs à impulsions inoffensives sont
bien des impulsifs, en ce sens qu'ils deviennent
réellement à la longue les esclaves de leurs impulsions, — d'où le nom *d'irrésistibles* donné à celles-
ci — il en est tout autrement des autres, les impulsifs à impulsions dangereuses, qui résistent le
plus souvent à leurs impulsions, qui n'y succombent pas. L'homicidomane qu'un hasard provi-
ventiel conduira sur votre chemin vous racontera
qu'à telle ou telle époque il a éprouvé le désir, le
besoin même de commettre quelque crime, mais
qu'il a mis toute son énergie à se vaincre et qu'il y
a réussi, si bien qu'en définitive cette impulsion
prétendue irrésistible est une impulsion à laquelle
il est possible de résister. Et cela se comprend de
reste. Celui qui éprouve le besoin désagréable de
compter, ou de prononcer certains mots, ou de faire
certains mouvements, ou de marcher d'une certaine

manière, n'a d'autre raison de s'en défendre que
l'ennui que cela lui cause ; c'est affaire entre
lui et ses propres convenances, et nous connais-
sons plus d'un de ces impulsifs inoffensifs qui, las
de lutter, a fini par accepter le joug et est devenu
le tranquille esclave de sa manie. Il n'y a rien là
qui ne s'explique à merveille, mais ce qui s'explique également bien, c'est que l'impulsif dangereux résiste à ses impulsions, et que, suivant une
expression populaire, il y regarde à deux fois
avant de commettre un acte qui peut l'entraîner
fort loin. Entre cet impulsif-là et son impulsion, il y a le corps social qui se gendarme et lui
rend l'acte infiniment moins aisé. Il se peut qu'au
point de vue physiologique il n'y ait pas de différence entre l'impulsion à émettre un son et l'impulsion à émettre un choc ; mais au point de vue
social c'est fort différent, et l'impulsif en a une
notion si claire qu'il trouve presque toujours
moyen de se refréner.

Et cela est si vrai que ces impulsions se rencontrent d'autant plus rarement qu'elles sont plus
dangereuses et entraînent de plus graves conséquences pour le délinquant. De cas d'homicidomanie ou de pyromanie vraie vous n'en découvrez
plus guère aujourd'hui que dans la littérature

médicale, et encore sont-ils extrêmement rares.
Les cas de kleptomanie sont plus nombreux,
quoique bien rares encore. Le record appartient
certainement aux impulsions sexuelles délictueuses, et principalement à l'exhibitionnisme, ce
qui ne veut pas dire qu'il soit très fréquent.

. Encore si ces impulsifs, à impulsions dites
irrésistibles, se reconnaissaient à quelque signe
facile à constater, on serait bien forcé de s'incliner. Mais parcourez les observations cliniques ou
médico-légales et dites s'il est un type plus vague
et plus difficile à saisir que l'impulsif. Vous vous
imaginez peut-être que l'expert qui veut démontrer l'impulsion morbide chez un meurtrier ou un
voleur va rechercher en lui les caractères qui
découlent de la définition même qu'on en a donnée.
Point. Tout son art consiste à démontrer que le
délinquant est à un degré ou sous une forme quelconque un dégénéré, parce que qui dit dégénéré
dit impulsif.

· Et c'est là, en vérité, une démonstration qui
n'est pas difficile à faire, si l'on songe combien, à
l'heure présente, sont nombreux et variés les
signes de dégénérescence. Les stigmates mentaux
soit sous la forme d'impulsions inoffensives, soit

sous celle de peurs irraisonnées ou de phobies sont
légion ; les autres caractères : débilité ou déséquilibration mentale et folie morale sont de la plus
complaisante élasticité, et quand les stigmates
d'ordre mental ou moral font défaut on a toujours
la ressource de se rejeter sur les stigmates physiques dont le nombre est, on peut le dire, indé-
fini ; enfin si ceux-ci, — fait vraisemblable, — ne
semblent pas suffisants, il est encore possible d'in-
voquér l'hérédité, mère de la dégénérescence.
L'inculpé ne présente rien, mais ses parents pré-
métier, mais même au public, des arguments plus
tère fondamental l'obsession qui l'accompagne, et
'on a parlé de lutte intérieure, d'angoisse conco
itante et de soulagement consécutif comme
signes de cette obsession. Mais on a eu vite fait de
remarquer qu'il n'est point d'homme qui, dans sa
vie, n'ait maintes fois éprouvé, au moment de
commettre un acte grave, toutes les sensations
qu'on lui décrit là, et, d'autre part, que parmi les
sérieux pour faire accepter l'impulsion morbide
du dégénéré, on a mis en avant comme son carac-
délinquants qu'on serait tenté de classer parmi ces
sentaient quelque chose.

Comme il fallait, non seulement aux hommes du

impulsifs morbides, il est fort rare d'en rencontrer qui vous parlent de ces luttes intérieures et de ces angoisses. Dès lors, en quoi cette obsession a-t-elle un caractère pathognomonique ?

Les plus raisonnables parmi les tenants de l'impulsion irrésistible ont encore été ceux qui en ont réduit la définition à ce seul caractère d'être *sans mobile*, et puisqu'il s'agit ici de kleptomanie, nous ne pouvons mieux faire que de citer les lignes suivantes du Dr Sollier qui n'a fait que résumer la pensée de l'école :

« Le caractère spécial des vols des kleptomanes, c'est d'être *sans mobile*. Ils s'approprient tout ce qui leur tombe sous la main, alors même que l'objet dérobé leur est absolument inutile. Ils entassent ainsi chez eux de grandes quantités d'objets très disparates et de valeur très inégale. »

Ce caractère là ne vaut guère mieux que les autres. A moins que le désir, que le penchant ne soit pas considéré comme mobile, je me demande où les inventeurs et les partisans de la kleptomanie ont constaté chez leurs kleptomanes cette absence de mobile. J'accorde que les mobiles peuvent être extraordinaires, mais pour déraisonnables ou extraordinaires qu'ils soient, ils n'en existent pas moins. Quand on voit un individu remplir son domicile d'objets volés dont il ne songe à tirer aucun profit, qu'il n'utilise pas, qu'il ne vend pas et qui semblent ne lui être bons à rien, on dit qu'il a agi sans mobile : c'est parler un peu vite. L'individu n'a peut-être pas agi au mieux de ses intérêts, mais cela n'implique pas qu'il ait agi sans mobile. Et le mobile, c'est l'instinct conservateur, la cupidité, instinct qui domine l'homme, qui le pousse à prendre ce qui autour de lui excite son envie, instinct si puissant que de longs siècles de civilisation ne sont pas encore parvenus à le contenir dans les limites convenables. On dit : « Les objets dérobés sont des objets inutiles ou en tel nombre que notre voleur n'en a que faire. » Cela est possible, mais ne voit-on pas tous les jours des gens qui, — sans les voler, il est vrai, et c'est en cela qu'ils diffèrent des précédents, — collectionnent des objets qui ne procureront à leurs possesseurs d'autre jouissance que celle de la possession. L'utilité des timbres-poste maculés n'est pas bien évidente par elle-même ; n'y a-t-il pas cependant, et en masse respectable, des collectionneurs de timbres-poste ? Il n'y a pas, de par le monde, que les objets précieux dont il soit fait collection. Le besoin de conserver, même sans motif, chez la plupart des hommes, est tel qu'il porte sur tout, jusque sur les objets les plus puérils et les plus infimes. L'enfant garde précieusement et entasse dans son armoire jus-qu'aux débris de ses jouets, de même que l'animal enterre des provisions qu'il ne saura même pas retrouver, et beaucoup d'hommes sur ce point res-semblent à l'animal et à l'enfant. C'est en vérité, ignorer singulièrement la nature humaine que de nous dire que l'homme qui ne fait pas usage des objets qu'il a volés les a volés sans mobile : il a tout juste été poussé par le même mobile que le collec-tionneur de tabatières ou le collectionneur de tim-bres-poste.

J'ai parlé là du cas le plus fréquent. Mais celui-là n'est pas le seul, comme nous le verrons bientôt. On pourrait même dire qu'il y a autant de mobiles particuliers qu'il y a de prétendus kleptomanes. Que ces mobiles ne frappent pas les yeux, qu'il soit même parfois malaisé de les découvrir, j'en con-viens, mais qu'ils n'existent pas et que l'individu prenne ce qui ne lui appartient pas comme le pourrait faire un mannequin à ressort dénué de désir et d'intelligence, c'est là un fait qui ne répu-

gno pas seulement à la raison, mais qui me semble
tout à fait contraire à ce qu'il m'a été donné
d'observer. On parle beaucoup, dans le monde
aliéniste, d'observation et de clinique, et à ceux
qui n'admettent pas par exemple, que des individus puissent voler non seulement sans mobile,
mais même malgré eux, on se contente dédaigneu-
sement d'opposer les faits, l'observation, la clinique. Mais c'est principalement cette même clinique que j'invoquerai ici pour dire qu'il n'y a pas
de vols sans mobile.

Dans mes fonctions d'expert près le tribunal de
la Seine, j'ai eu, en ces dernières années, à examiner quantité de prévenues qui présentaient au
plus haut degré tous les caractères qu'on nous a
donnés comme étant ceux de la kleptomanie :
soustractions d'objets multiples, souvent inutiles,
dont les auteurs étaient des personnes aisées, sinon
riches, n'ayant aucun besoin des objets soustraits,
ou pouvant se les procurer si cela leur convenait,
soustractions enfin sans aucun mobile apparent.
Or, il n'est pas un de ces cas où, en cherchant
bien, je n'aie trouvé dans l'acte du prétendu kleptomane ce qui se retrouve au fond de tous les
actes quelconques de l'homme bien portant, à

savoir un mobile. Ce qui ne veut pas dire, bien entendu, que nous n'ayons rencontré en même temps chez ces délinquantes certaines conditions spéciales qui n'expliquent que trop bien leurs actes étranges.

Si nous voulions pousser la discussion plus loin et aller au fond des choses, nous demanderions aux cliniciens, aux physiologistes qui ont mis en honneur les impulsions irrésistibles, syndromes de dégénérescence, s'ils se sont jamais fait une idée bien nette de leur conception. A lire les définitions qu'ils en ont données, — définitions qui formulent vraisemblablement leur manière de voir, — on aurait de singulières raisons d'en douter.

« L'impulsion, dit l'un, est une force quasi étrangère qui s'empare de l'homme, qui étreint sa volonté comme dans un étau, la paralyse et ordonne à la main de voler ou de frapper. » (E. Laurent.)

« Il n'est pas de forme vésanique, — sans compter le délire de l'épilepsie, — dit un autre, où le trouble des actes soit plus impérieux que dans l'aliénation héréditaire. Le fou ordinaire obéit à une conception délirante, à une illusion, à une hal-

lucination ; le dégénéré est impulsif de toutes piè·
ces, ses actes puisent dans l'automatisme un cachet
significatif d'irrésistibilité. » (Saury.)

« Entraîné au mal, dit un troisième, pour cal·
mer le besoin anxieux qui le pousse et ne s'apai·
sera que par la satisfaction de l'instinct morbide,
l'impulsif assiste conscient au trouble de son
esprit et à la perte de sa volonté. Au début l'im·
pulsion est faible, le malade en a vite raison ; mais,
par le temps et les circonstances, elle se fortifie.
Pour triompher, la volonté doit maintenant lutter
et lutter avec énergie ; puis elle s'accroît encore,
devient irrésistible, et le crime est commis. »
(Marandon de Montyel.)

Relatons enfin, pour ne pas multiplier indéfini·
ment ces citations, ce que nous disent de l'impul·
sion, dans leur livre les *Dégénérés*, MM. Magnan
et Sérieux : « L'impulsion pathologique est un
syndrôme morbide caractérisé par une action ou
une série d'actions accomplies par un sujet lucide
et conscient, sans l'intervention et malgré l'inter·
vention de la volonté, dont l'impuissance se tra·
duit par une angoisse et une souffrance morale
intenses. »

Il est fort à craindre que dans toutes ces définitions on ait pris une fois de plus des mots pour des idées. L'impulsion, s'il faut nous en rapporter à ce que nous venons de lire, est évidemment quelque chose d'étranger tout à la fois au sentiment, à l'intelligence et à la volonté, quelque chose même contre quoi luttent en même temps et le sentiment qui ne désire pas, et l'intelligence qui déconseille, et la volonté qui refuse ses services, Mais alors qu'est-ce donc ? On concevait autrefois la maladie comme une force immatérielle, extérieure à l'individu, qui se jetait en quelque sorte sur lui pour l'écraser. C'était le beau temps de la médecine métaphysique. Nous y voilà ramenés avec l'impulsion irrésistible.

Scientifiquement parlant, rien de tout cela ne tient debout, et, après la découverte de l'impulsion irrésistible du dégénéré, nous sommes tout aussi avancés qu'après celle de la kleptomanie. Les juges qui avaient d'abord écouté avec déférence et intérêt les experts qui venaient leur parler de dégénérescence ont fini par attacher à l'idée nouvelle tout juste autant d'importance qu'à l'invention du Dʳ Marc.

III

S'il résulte de tout ce qui précède que le vol
sans mobile n'existe pas et qu'il est vain d'expliquer par une impulsion sans racines dans l'être
humain l'acte si singulier de certaines voleuses,
il n'en reste pas moins vrai que ces voleuses-là ne
ressemblent pas à des voleuses ordinaires et que,
lorsqu'on envisage l'ensemble des circonstances
qui caractérisent leurs vols, on est obligé, si prévenu qu'on soit contre elles, de reconnaître qu'il y
a dans leur manière d'être et d'agir quelque chose
d'anormal et de maladif.

Rappelons brièvement quelques-unes de ces circonstances :

1° Ces femmes ne volent que dans les grands
magasins ;

2° La plupart sont de condition aisée, — il y en
a même de fort riches — et peuvent par conséquent
se procurer sans peine avec de l'argent ce qu'elles
se procurent par la fraude ;

3° Les objets qu'elles volent ne leur sont souvent d'aucune utilité, ou ne leur manquent pas ; elles en possèdent chez elles de semblables, et souvent en nombre très supérieur à leurs besoins ;

4° Lorsqu'on les arrête au seuil du magasin où elles ont volé ou à quelques pas plus loin, il est rare qu'elles ne reconnaissent pas de suite le vol qu'elles viennent de commettre, et certaines le font avec une sorte de soulagement, comme si elles-mêmes se débarrassaient d'un poids qui leur pèse ;

5° Beaucoup ne se contentent pas de cet aveu. Allant au-devant des questions, elles s'accusent elles-mêmes de vols antérieurs commis dans des circonstances identiques et révèlent qu'on trouvera chez elles tels ou tels autres objets volés ;

6° Les perquisitions pratiquées à leur domicile font en effet découvrir un nombre plus ou moins considérable de ces objets, pour la plupart du temps enfouis dans des armoires ou des coins obscurs et parfois si bien cachés qu'il faut que les délinquantes guident elles-mêmes les recherches. Ils n'ont pas servi, ils sont intacts et gardent même l'étiquette du magasin ;

7° Enfin, quand on interroge ces voleuses et qu'on leur demande d'expliquer leur vol, elles ont toutes les mêmes phrases à la bouche : « C'était plus fort que moi — j'ai perdu la tête — il me semblait que tout était à moi — plus j'allais et plus j'avais envie de prendre — si on ne m'eût arrêtée j'aurais indéfiniment continué..., » etc., etc.

Il y a assurément dans ces faits étranges et ces explications curieuses de quoi faire hésiter le magistrat chargé d'instruire ; mais quelque bizarres que soient les faits et les explications, il ne peut cependant absoudre d'emblée une femme qui, le jour où elle est appelée devant lui, se présente avec toutes les apparences d'une personne raisonnable, parfaitement maîtresse d'elle-même, consciente au suprême degré de la situation fâcheuse où elle s'est mise, exprimant ses regrets et ses remords dans les termes les plus émouvants. Il lui faut évidemment d'autres preuves que celles-là pour admettre l'existence d'une folie spéciale dont le propre serait de saisir la femme au moment où elle franchit le seuil d'un grand magasin. Et ce n'est pas parce qu'on donnerait à cette folie spéciale le nom de kleptomanie — l'expérience l'a surabondamment prouvé — qu'on réussirait à le convaincre. La kleptomanie est un mot, et c'est une explication qu'on demande.

Celui qui le premier nous paraît, sinon avoir donné complètement la solution du problème, au moins avoir très nettement aperçu dans quelle voie cette solution devait être cherchée, est le professeur Lasègue. L'article écrit par lui en 1880 sur le *Vol aux étalages*, dans les *Archives de médecine*, n'est peut-être qu'une ébauche ; mais l'ébauche est d'un maître. Ce qu'il y avait de plus important à dire, il l'a dit.

Son premier soin est d'exposer les termes du problème.

« Deux éléments, comme toujours, interviennent, et, pour parler le langage de l'école, il faut envisager séparément l'objet et le sujet : l'attraction exercée par les marchandises à voler et l'état intellectuel et moral du voleur. Qui borne sa recherche à un seul des deux termes ne voit qu'une face et peut être sûr que ses conclusions sortiront boiteuses. S'il arrive, et c'est l'exception, que dans les perversions de l'esprit le milieu soit indifférent, parce que l'impulsion s'impose par la violence, le plus souvent, il a fallu une occasion propice pour exciter d'abord la tendance, et ensuite pour la faire passer à exécution. »

Rien n'est plus juste :

D'une part, puisque certaines femmes ne volent que dans les grands magasins, il faut bien admettre que les grands magasins sont pour quelque chose dans l'affaire ;

Et de l'autre, puisque toute femme qui entre dans un grand magasin n'y vole pas, il faut bien admettre également que la femme qui y vole se trouve dans des conditions spéciales.

Il y a donc deux facteurs en ces sortes de vols : le magasin et la femme.

« Autrefois, dit Lasègue, l'étalage ouvert à tous, de nos marchands, était très limité : il se réduisait aux boutiques des libraires, de quelques vendeurs de comestibles ; plus tard, il s'est étendu aux bazars, de création assez récente. Enfin, les grandes maisons de détail, à mesure qu'elles prenaient de plus amples proportions, sont devenues de vastes étalages, au dedans comme au dehors. L'acheteur y a libre accès, il y circule à son gré, sans compte à rendre à personne ; on sollicite sa visite curieuse, dans l'espérance justifiée qu'elle sera l'amorce d'une acquisition. Les femmes fréquentent les magasins à l'égal des promenades publiques, aiguisant ainsi leur appétit, le satisfaisant quand elles peuvent, ou le réservant pour des

temps meilleurs ou pour des rencontres plus sédui-
santes.

« Tout est prévu, organisé, étalé aux regards en
vue de provoquer une attraction. Nous cédons plus
ou moins à cette influence, qu'il s'agisse d'effets
de toilette, d'œuvres d'art ou même d'objets de
plus humble consommation, et nous savons par
expérience qu'il faut un certain effort pour résister
à des entraînements si habilement calculés.

« On comprend qu'étant données ces incitations,
les faibles succombent et que leurs défaillances
soient non pas excusées, mais motivées. »

Ceci dit pour le magasin, passons à la femme.
Lasègue distingue parmi les voleuses deux catégories. Dans la première il range un certain nombre
de femmes coquettes, de conduite douteuse, de moralité suspecte, qui, ayant assez de puissance sur
elles-mêmes pour ne point succomber aux tentations de la vie ordinaire, succombent à celle du
grand magasin. Tout ce qu'on peut accorder à
celles-là, dit-il, à titre d'atténuation, c'est qu'elles
eussent résisté si la séduction eût été moindre ou le
délit plus périlleux, mais rien ne s'explique mieux
que le vol qu'elles ont commis. L'autre catégorie
est infiniment plus intéressante : c'est celle de ces

femmes qui se présentent à l'observateur, magistrat ou médecin, avec les caractères si singuliers énumérés un peu plus haut, et dont l'acte délictueux, en flagrante contradiction avec tout ce qu'on sait de leur passé, n'ayant ni aboutissant ni précédent, semble au premier abord inexplicable et fait songer à quelque maladie de l'intelligence.

Lasègue élimine d'abord aussi nettement que possible l'hypothèse d'une impulsion irrésistible au vol et l'existence de la prétendue kleptomanie. Rappelant ce qu'il est advenu de la pyromanie, il voue la kleptomanie au même sort : « La kleptomanie, dans le sens vulgaire du mot, dit-il, n'a pas d'assises plus solides, et j'en suis encore, malgré une longue expérience, à voir un voleur emporté par le besoin délirant du vol. »

Si ces malades ne sont pas des kleptomaniaques, que sont-elles donc ? C'est ce que Lasègue va nous dire en deux pages que nous nous reprocherions de résumer :

« J'ai, dans une courte note, montré combien les outrages à la pudeur pouvaient être commis par des gens sans lubricité et même sans aspirations génitales. Les voleuses à l'étalage fournissent une

nouvelle preuve à l'appui de la thèse que j'ai soutenue et que je rappellerai en peu de mots.

« Ce n'est pas par la puissance de l'incitation,
c'est par l'insuffisance de la résistance à un entraînement de moyenne intensité que s'expliquent la
pensée de l'acte délictueux et son accomplissement.
Qu'une circonstance quelconque fasse fonction
d'obstacle, le malade renonce à passer outre, et le
hasard lui rend le service que les autres attendent
de leur raison. La recherche ne doit pas porter sur
le plus ou moins de vivacité de l'impulsion, mais
sur le degré de désarroi ou de débilité individuelle.
D'excitation vraie, il n'y en a point, ou tout au
moins la séduction ne dépasse pas, si même elle
l'atteint, celle qu'éprouvent tant d'autres femmes
à la vue d'objets de toilette ; elle est passagère ;
dès qu'elle a cessé, la voleuse oublie non seulement
l'agrément qu'elle espérait retirer de cette appro-
priation trop commode, mais la faute elle-même.
Les combinaisons multiples qui font l'appât du
vol avant, après, je dirais presque pendant, et que
les escrocs nous racontent complaisamment, sont
incompatibles avec l'inertie de l'intelligence.
Encore faut-il que l'abaissement n'atteigne pas des
proportions extrêmes. L'aliéné qui confine à la

démence ou qui chemine dans cette direction ne
s'occupe pas du monde extérieur, et, par conséquent, est préservé de pareilles atteintes. De même
le lypémaniaque au maximum de la dépression ne
connaît pas de distractions qui le touchent, tandis
que le demi-mélancolique a ses heures de détente
possible.

« Il s'agit donc, si le mot est permis, de doser
non pas les éléments actifs, mais les éléments
négatifs de la maladie. C'est en portant l'investigation de ce côté qu'on arrive à comprendre
comment des gens sans passion, que la moindre
réflexion aurait dû garantir, se laissent aller à
des propos insensés ou à des actes délirants, ce
qui, au fond, est la même chose. L'erreur est de
raisonner suivant la loi des passions humaines,
dont la vivacité se mesure par les agissements
auxquels elles entraînent. Or, moins l'impulsion
des faibles d'esprit aura été impérieuse, plus elle
sera encouragée par les attraits de toute nature,
y compris celui de l'impunité probable. Aussi ai-
je tenu à montrer combien les étalages contri-
buaient à susciter un appétit du vol qui ne serait
pas né sans cette excitation, ou qui serait resté
à l'état latent.

« Une objection bien naturelle se présente. Ne peut-on pas admettre que tout individu qui commet un acte entraînant des conséquences judiciaires témoigne d'une certaine faiblesse de jugement et méconnaît ses intérêts réels ? Je n'aurai garde de me laisser entraîner sur ce terrain.

« Médicalement, il s'agit de démontrer que le malade inculpé de vol est un malade et de le prouver. Seulement je demande qu'on cherche les symptômes où ils sont à trouver, c'est-à-dire dans un trouble cérébral permanent, s'accusant par des signes reconnaissables malgré les difficultés de l'examen, et que le vol soit considéré comme un incident et presque un épisode.

« Les faits observés, et on les rencontre à profusion, sont d'une telle uniformité, qu'il me paraît suffisant de citer quelques exemples : je les prendrai dans des conditions plus dissemblables en apparence qu'en réalité. La diversité tient, en pareil cas, de la personne, de l'éducation, de l'âge, du sexe, des détails accessoires fournis par l'enquête ; l'état pathologique fondamental est toujours le même. »

Suivent cinq observations qui illustrent, en

quelque sorte, la conception exposée dans les deux pages qui précèdent. Dans ces cinq cas, il s'agit d'individus déprimés, débilités, atteints même de lésions cérébrales plus ou moins graves. On ne les lira certainement pas sans intérêt, mais ceux qui ont quelque habitude de ces sortes de délinquants ne manqueront pas de faire la remarque que Lasègue s'est attaché presque exclusivement à un certain type qui, pour être fréquent, n'est cependant pas le seul et même n'est peut-être pas le plus intéressant. Ses sujets, en effet, dont deux semblent bien être atteints de paralysie générale au début, confinent pour la plupart, à l'aliénation et offrent des caractères pathologiques tels, qu'expliquer et excuser leurs actes par la maladie est chose facile. Or, il n'y a point parmi les voleuses de grands magasins dignes d'excuses que des femmes sur la voie du ramollissement et de la paralysie, et, tout en rendant pleinement justice à Lasègue, il importe de compléter son œuvre.

Lasègue nous a mis dans la bonne voie, il a bien montré les deux facteurs du problème, le magasin à côté de la femme, et donné à des actes, jusque-là incompréhensibles, une explication qui est peut-être trop générale, mais qui a du moins le mérite d'être une explication et non un mot comme l'était la kleptomanie. Il ne s'agit pas de recommencer Lasègue, mais simplement de reprendre son étude au point où il l'a laissée. Il s'est attaché à des malades plus proches des aliénés que des gens doués de raison. Nous nous attacherons à d'autres plus proches des gens de raison que des aliénés. Plus difficiles à comprendre, ils n'en sont que plus dignes d'intérêt.

CHAPITRE II

LES FAITS

————

I

Revenons d'abord au grand magasin et complétons ce qu'en a dit Lasègue qui, comme on peut s'en rendre compte, avait moins en vue le grand magasin proprement dit que tout magasin petit ou grand dont l'entrée est libre et où l'on vend à l'étalage. N'oublions pas d'ailleurs que le grand magasin était loin d'être au temps où écrivait Lasègue ce qu'il est aujourd'hui et qu'alors même qu'il en eût parlé plus amplement il aurait encore laissé beaucoup à dire.

Le grand magasin d'aujourd'hui est — on peut hardiment le proclamer — un chef-d'œuvre d'organisation, et ce n'est pas faire un reproche aux hommes prodigieusement habiles qui l'ont porté au degré de perfectionnement actuel que de constater que, dans l'intérêt de leur commerce, ils y ont pratiqué l'art de la séduction, de la tentation, d'une façon vraiment géniale. Il n'est certainement pas une femme qui entrant dans un grand magasin avec l'intention très ferme de n'y acheter qu'un objet déterminé soit sûre de n'en pas sortir avec des articles qu'elle ne désirait même pas.

Tout dans cet organisme a pour but de solliciter la clientèle. Ce sont d'abord des prospectus, des catalogues qui, répandus à profusion, vont chercher la femme jusque chez elle, provoquent ses désirs et lui persuadent qu'acheter dans les conditions qui lui sont offertes, c'est presque faire une spéculation heureuse, c'est s'enrichir. Et la femme qui se croit toujours plus forte qu'elle n'est en réalité — en cela elle ne diffère guère de l'homme — se dit qu'après tout une visite au Bon Marché ou au Louvre n'est pas chose grave, que l'entrée en est libre, qu'il n'en coûte pas un centime pour voir, que rien n'oblige à acheter, qu'il dépend d'elle de sortir aussi riche qu'elle était en entrant, et elle part. Mais une fois dans l'antre, elle se trouve là dans une atmosphère spéciale qui la prend par tous les sens. A la vue de tant de richesses, tout ce qu'il y a en elle de désir de bien-être, d'instinct de coquetterie s'éveille et se surexcite. Et elle n'a pas seulement le droit de contempler ces richesses, elle peut encore les manier, les palper tout à loisir — ce qui est déjà une jouissance — et cela sans que personne lui en demande compte et s'inquiète de ses intentions. Elle peut même faire venir l'objet convoité chez elle et le posséder pendant quelques jours sans rien débourser, ou le rendre contre argent s'il a cessé de plaire. Il y a plus, — car les organisateurs ont pensé à tout : comme il ne faut pas que la femme en visite au grand magasin se fatigue, on lui a ménagé des salles de repos, de lecture, de correspondance, de rafraîchissement. Il faut qu'elle considère le grand magasin comme un second home, plus grand, plus beau, plus luxueux que l'autre, où elle pourra au besoin passer tout le temps que ne lui prendra pas le souci de son intérieur et où elle ne trouvera autour d'elle que visages aimables ; car il n'est rien dans ces étonnantes maisons — jusqu'au recrutement des employés et à leur façon d'être — qui n'ait son but : attirer et retenir la femme.

Croit-on que toutes les femmes soient en état de résister à de pareilles tentations ? On peut dire sans exagération que c'est la minorité qui résiste ; le plus grand nombre se laisse certainement entraîner au delà de ses besoins et plus d'une au delà de ses moyens. Le grand magasin finit même par exercer sur certaines natures un attrait tout à fait comparable à celui qu'exerce l'église sur d'autres. Les émotions qu'elles y rencontrent ne sont évidemment pas les mêmes, mais ce sont encore des émotions, et des émotions agréables. Et vous voyez des femmes arriver à un tel point d'engouement envers tel ou tel de ces caravansérails — car ici comme ailleurs l'amour se fixe — qu'il leur devient aussi impossible, plus impossible même de se passer de la visite régulière, quotidienne parfois, au Bon-Marché, au Louvre ou au Printemps, que de la visite hebdomadaire à l'église. Pour quelques-unes on dirait qu'elles remplissent un devoir, tant elles sont incapables d'y manquer. J'ai connu une jeune femme qui, relevant à peine d'une maladie grave, ne voulut pas s'abstenir de son pélerinage habituel et en mourut. Non pas qu'elle eût quoi que ce soit à acheter, mais il lui fallait l'atmosphère du grand magasin et la contemplation de toutes ces belles choses. Ce n'est plus là de la fantaisie, c'est du besoin ; ce n'est plus de la distraction, c'est du culte. En vérité la manière dont est organisée la tentation dans le grand magasin passe tout éloge, et Satan n'aurait pas fait mieux.

II

Tant d'art, malheureusement, ne pousse pas seulement à l'achat, il pousse au vol. Et il faut bien reconnaître que dans cette organisation où tout a été si merveilleusement prévu pour entraîner la femme, rien n'a été fait pour l'arrêter sur la pente délictueuse. Elle ne voit, elle ne connaît que l'employé chargé de la vente, lequel n'a d'autre fonction que de la conduire à la caisse quand elle a fait son choix, mais qui n'est chargé d'aucune surveillance active. Celle-ci incombe à des inspecteurs spéciaux, d'ailleurs en petit nombre, dépourvus d'insignes, confondus dans la foule où rien ne les distingue des autres employés, le plus souvent dissimulés et épiant de haut et de loin les allées et venues des clientes, comme s'ils craignaient que la femme au moment de faiblir ne reprît à leur vue conscience

d'elle-même, n'exerçant par conséquent en aucune
manière l'action préventive qui serait si nécessaire
en pareil cas.

On dira : si cette femme est honnête, vraiment
honnête, elle ne faiblira pas. Mais l'expérience est
là, malheureusement, qui montre que de très honnêtes et de très respectables femmes ont faibli. On
se plaît à croire que dans de tels moments il se livre
toujours, dans l'intimité de la conscience, des com-
bats furieux dans lesquels tous les motifs sociaux
et moraux, capables de susciter la résistance chez
la femme, se dressent pour faire échec au mobile
coupable. C'est là en effet ce qui arrive quelquefois,
mais non toujours. La lutte, autant qu'on en peut
juger par les confidences des intéressées, est d'ordinaire infiniment moins violente et moins douloureuse qu'on serait tenté de se l'imaginer. Souvent
même il n'y a pas de lutte du tout. La tentation est
si forte, le désir surgit si puissant, si impérieux, si
irrésistible que l'acte est accompli avant que la raison ait eu le temps de plaider sa cause. C'est après
coup que toutes ces considérations d'honneur, de
réputation, de sécurité viennent frapper l'esprit de
la malheureuse et y susciter le remords. Mais sur
le moment elle est toute à sa convoitise, et si cer-

taines rencontrent quelque obstacle de la part de la raison ou du sentiment, elles songent sans doute, suivant la remarque du moraliste, que le plaisir est bien près, tandis que le danger, symbolisé par un inspecteur invisible, est au moins douteux. Et elles volent.

Que penser de ces voleuses ? Nous laissons de côté, bien entendu, les professionnelles, celles qui volent d'autant plus volontiers dans le grand magasin qu'elles y trouvent plus de facilité et plus de choix, mais qui volent également ailleurs.

Nous ne nous occupons ici que des femmes qui ne volent que dans le grand magasin et passent dans le monde pour d'honnêtes femmes. Sont-elles toutes également irréprochables ? Sont-elles toutes en droit de prétendre que le grand magasin qui leur a tendu le piège ne doit s'en prendre qu'à lui-même des vols commis à son préjudice ? Ce serait vraiment aller un peu loin.

Il existe nombre de femmes qui passent pour honnêtes, dont l'honnêteté tient surtout à la crainte du châtiment. Là où cette crainte diminue ou disparaît, leur honnêteté diminue ou disparaît du même coup, et quand celles-là volent dans un grand magasin, on a toute raison de croire que la pensée

de ne courir aucun danger sérieux n'a pas été pour
une moins grande part dans leur acte que la violence des tentations qu'elles ont subies. On ne peut
donc les décharger de toute culpabilité.

Singulièrement plus intéressante est la catégorie
des voleuses dont nous avons ici exclusivement à
nous occuper, à savoir des femmes que quelque
infirmité ou quelque maladie cérébrale met dans
l'incapacité de résister aux suggestions perni-
cieuses du grand magasin et qui sont comme poussées *fatalement* au vol. Il peut y avoir des degrés
dans cette incapacité, et quand nous en viendrons
à discuter ce qu'il y a lieu de faire à l'égard de ces
malades, nous verrons si toutes doivent être mises
sur le même rang. Mais une chose certaine est
qu'elles ne sauraient être traitées comme des
voleuses quelconques.

Le grand point, il est vrai, est de les distinguer
des autres, aussi bien des professionnelles que de
ces personnes douteuses, à probité chancelante,
dont nous parlions plus haut. En quoi sont-elles
malades ? A quels signes se reconnaissent leurs
maladies ? Et encore : comment ces maladies
expliquent-elles leurs actes ? Car enfin il ne suffit
pas d'être malade pour avoir, en quelque sorte, le

droit de voler ; il faut être malade d'une certaine façon.

C'est à ces questions que nous voudrions répondre avec plus de développement et plus de précision peut-être que ne l'a fait Lasègue. Si nous nous en rapportons aux observations qu'il nous a laissées, il n'aurait guère vu d'autres malades parmi les voleuses de grands magasins que des femmes atteintes de paralysie générale ou de ramollissement cérébral. Or, non seulement et d'après notre expérience propre, ce ne sont pas là les seules affections qui fournissent des voleuses aux grands magasins, mais ce sont peut-être là les affections avec lesquelles on a le moins à compter. Dans les 120 cas sur lesquels porte notre observation personnelle, nous avons trouvé 8 femmes atteintes de paralysie générale et 3 de ramollissement cérébral. Restent 109 cas dont il faut encore défalquer 9 cas dans lesquels nous n'avons découvert chez les voleuses aucune maladie : c'est donc exactement 100 malades chez qui nous avons constaté des affections autres que la paralysie et le ramollissement. D'autre part Lasègue, tout en cherchant l'explication des actes commis dans un affaiblissement de la volonté, s'est gardé d'entrer dans aucune discussion psychologique et s'est contenté de démontrer l'existence de la maladie. Si cependant on veut faire pénétrer dans l'esprit des juges cette conviction que certaines malades ne peuvent s'empêcher de voler, il faut bien faire toucher du doigt la relation qui existe entre la maladie et le vol.

Une double tâche s'impose donc :

D'abord exposer ce que nous avons constaté chez les voleuses soumises à notre examen et montrer les maladies dont nous les avons trouvées atteintes, ce qui ne veut pas dire, bien entendu, que notre intention est de reproduire les 111 observations que nous avons recueillies. Nous ne reproduirons que les plus typiques de chaque espèce.

Ensuite montrer comment ces malades ont pu devenir des voleuses, et, du même coup, rechercher — ceci sera le côté médico-légal de notre étude — dans quelle mesure la loi pénale peut leur être appliquée.

III

Bien que, comme nous venons de le dire, les malades arrêtées comme voleuses à la porte des

grands magasins offrent des types très variés, il est
également vrai qu'elles ne sont pas sans présenter
quelques caractères communs. Ces caractères ont
frappé dès l'abord médecins et magistrats, et nous
les trouvons, pour la plupart, exactement décrits
dans les premières observations médicales, celles
du Dr Marc, par exemple. Il n'est donc pas mal d'en
parler ici avant d'entrer dans de plus grands
détails, non seulement parce que nous éviterons
ainsi des redites, mais aussi parce que, quelque
insuffisants que soient ces caractères — on l'a bien
vu — pour faire dire de celles qui les présentent
qu'elles sont des malades, ils sont cependant assez
tranchés pour faire au moins soupçonner la maladie. Suivons donc nos malades du grand magasin
où on les arrête jusqu'au cabinet du médecin où
on les écoute.

Dans leur station au grand magasin même on
n'observe le plus souvent chez elles rien de particulier. Ce sont des clientes quelconques allant d'un
comptoir à l'autre, et les malades mettent quelquefois dans leurs vols autant d'habileté, s'entourent
d'autant de précautions que les professionnelles.
On conçoit sans peine la surprise et l'indignation
de l'inspecteur appelé plus tard comme témoin,

quand il entend le médecin affirmer que la voleuse
est une malade. Il y a cependant des exceptions à
la règle. On voit de ces voleuses s'emparer sans la
moindre dissimulation de tout ce qui sollicite leur
désir, ne quitter la place que quand elles ne peuvent plus prendre davantage, et partir tellement
chargées de butin qu'elles laissent tomber sur leur
route une partie de ce qu'elles ont pris.

Chez le commissaire de police leur attitude est
beaucoup plus significative. Leurs aveux d'ordinaire sont complets et immédiats. Elles ne se
contentent pas de reconnaître les vols qu'elles
viennent de commettre, elles se hâtent de révéler
des vols antérieurs. d'indiquer même les cachettes
où l'on découvrira les objets volés. Car, détail au
premier abord stupéfiant, nombre de ces malades
sont bel et bien des récidivistes qui ont volé des
mois durant sans se laisser prendre et ne se sont
laissé prendre que parce qu'elles ont perdu leur
prudence première. Le commissaire perquisitionne
chez elles et il constate que la voleuse a dit vrai.
Ces produits du vol sont en général si bien cachés
que l'entourage ne les a jamais soupçonnés. On les
découvre au fond de couloirs obscurs, dans des
armoires qu'on n'ouvre jamais, jusque dans l'inté-

rieur de meubles dont on a recousu la tapisserie ; et tous ces articles n'ont jamais été touchés, ils sont dans l'état où on les a pris, ils portent encore l'étiquette du magasin.

Devant le juge d'instruction comme devant le tribunal ces voleuses, on le conçoit, n'ont qu'une pensée : c'est de se défendre d'avoir agi comme des voleuses quelconques. Elles prétendent n'avoir eu aucune conscience de ce qu'elles faisaient ou allèguent quelque état maladif à l'appui duquel elles apportent soit des certificats médicaux soit le témoignage des proches ou des amis . Il est rare que dans ces conditions le juge d'instruction ou le tribunal ne commette pas un expert pour examiner l'inculpée, et quelques jours après notre voleuse pénètre dans le cabinet du médecin.

Là, les confidences ne se font pas attendre, et elles sont étranges. On croit volontiers que les femmes arrêtées dans de semblables circonstances ne peuvent envisager leur aventure que comme la plus épouvantable des catastrophes, qu'elles n'ont pas assez de larmes pour exprimer leur désespoir. C'est bien, en effet, le cas d'un grand nombre; mais beaucoup aussi montrent une résignation incroyable et même quelque chose de plus, une sorte de

soulagement : elles content que le grand magasin
était à la longue devenu pour elles une obsession,
un cauchemar, et elles ont conscience d'en être
enfin délivrées. Il leur en coûtera cher peut-être,
disent-elles, mais du moins leur supplice a pris fin.
D'autres se désolent, mais pour une tout autre
cause que la honte et le remords de l'acte commis.
Leur désespoir vient de ce qu'elles seront désormais
privées du grand magasin, qui était devenu toute
leur vie. Après ce qui vient de leur arriver elles
ne pourront plus retourner dans ce lieu de délices.
Elles en auraient la volonté qu'autour d'elles on s'y
opposerait ; et alors que deviendront-elles, où
iront-elles ? où se plairont-elles ? Ne vaut-il pas
mieux mourir ? Et elles pleurent.

Sur les sensations qu'elles ont éprouvées avant
ou au moment du vol, elles font des révélations
non moins curieuses. Toutes n'ont pas été éprouvées de la même manière par l'atmosphère du
grand magasin, mais toutes déclarent que c'est
dans cette atmosphère que leur pauvre tête s'est
perdue. Elles dépeignent l'effet produit sur elles
comme une sorte de *griserie* qui pour les unes est
presque immédiate, qui pour les autres est plus
longue et ne fait sentir son action qu'au bout de

plusieurs semaines et de plusieurs mois ; tout dépend de la force de résistance de chacune.

Dans le premier cas, la femme volé dès sa première visite ; c'est comme un entraînement irrésistible : « Une fois plongée dans cette atmosphère capiteuse du grand magasin, nous disait une très respectable dame de province fraîchement débarquée à Paris et dont la première sortie avait été pour une double visite au Louvre et au Bon-Marché, je me suis sentie peu à peu envahie par un trouble qui ne peut se comparer qu'à l'ivresse, avec l'étourdissement et l'excitation qui lui sont propres. Je voyais les choses comme à travers un nuage, tous les objets provoquaient mon désir et prenaient pour moi un attrait extraordinaire. Je me sentais entraînée vers eux et je m'en emparais sans qu'aucune considération étrangère et supérieure intervînt pour me contenir. Je prenais d'ailleurs au hasard, aussi bien les objets inutiles et sans valeur que des objets d'usage et de prix. C'était comme une monomanie de la possession... »

« A peine entrée, nous disait une autre (une ouvrière qui venait de passer quatre mois comme enterrée dans un sous-sol), je me sentis toute grisée par ce bruit, ces allées et venues, cette agitation auxquels je n'étais pas habituée ; je fus éblouie par ces monceaux de richesses et bientôt ma tête se perdit. Il me semblait que tous les objets m'attiraient, qu'ils étaient à moi, que je n'avais qu'à les prendre. »

D'aucunes, peut-être moins inconscientes, moins grisées que les précédentes, accusent violemment le grand magasin d'avoir été la cause de leur perte : « Eh bien ! oui, nous disait une dame qui abordait le grand magasin pour la première fois, je me suis laissé tenter, mais la tentation était au-dessus de mes forces, l'impulsion a été irrésistible. » Et elle se plaignait avec raison que si tout, dans le grand magasin, était fait pour tenter, rien n'était fait pour retenir ; des employés trop occupés à servir leurs clientes, des surveillants qu'on n'apercevait qu'au moment de l'arrestation, une liberté déplorable laissée à chacun de toucher à tout, un grouillement d'acheteurs fait tout exprès pour favoriser les larcins, etc., etc.

Celles-là sont celles qui sont prises au piège du premier coup. Mais il y en a aussi d'autres qui ne subissent qu'à la longue l'action du poison. Leur griserie est lente et elles n'en ressentent qu'insensiblement les effets. Un jour vient toutefois où, s'avi-

sant enfin du danger qu'elles courent, elles vou-
draient l'éviter, mais déjà il est trop tard et elles
n'ont plus la force de s'abstenir. Elles continuent
les visites, et le premier incident venu est cause de
leur chute. Certaines accusent la cohue des journées d'exposition et la difficulté qu'elles ont
éprouvée à se faire conduire à la caisse, d'autres le
besoin d'imitation; elles étaient sur le bord du pré-
cipice, elles hésitaient encore à prendre, mais elles
ont vu voler devant elles, et, elles aussi, ont volé...

Il serait oiseux de nous attarder plus longtemps
sur des généralités qui n'offrent, en somme, qu'un
intérêt secondaire pour le but que nous poursuivons. Ce n'est pas aux déclarations de nos voleuses,
à la peinture qu'elles font de leurs émotions et de
leurs entraînements, quelque vraisemblables que
soient leurs dires, quelque sincère que soit leur
accent, qu'on peut reconnaître en elles des malades
irresponsables ou dignes d'indulgence. Tout ce
qu'elles disent, tout ce qu'elles prétendent est naturellement suspect et peut tout au plus induire à
rechercher en elles des signes plus certains de
maladie. En réalité, ce sont ces signes-là qui seuls
importent, et c'est à les étudier que nous allons
maintenant nous consacrer.

IV

Nous avons dit plus haut que cette étude portait sur 120 cas, dont 9 dans lesquels nous n'avons trouvé chez les voleuses soumises à notre examen aucun état maladif caractérisé. Elles prétendaient bien n'avoir pas eu, au moment du vol, conscience de ce qu'elles faisaient, ou encore qu'elles avaient été poussées par une force à laquelle elles n'avaient pu résister, mais comme cette inconscience ou cette impulsion soi-disant irrésistible n'était expliquée et justifiée par aucune affection nerveuse ou mentale, il nous a été difficile de tenir l'inculpée pour une malade. Elles n'avaient peut-être jamais volé en dehors du grand magasin et, par conséquent, on ne peut dire que le grand magasin n'avait pas été pour quelque chose dans leur chute ; mais elles appartenaient très vraisemblablement à cette catégorie de femmes dont nous avons parlé plus haut, dont la probité n'est pas à toute épreuve et chez lesquelles l'éloignement pour le mal faire est surtout la crainte de ses conséquences.

Dans 111 cas, au contraire, nous avons trouvé un état maladif indubitable, mais le plus souvent complexe et, par là même, malaisé parfois à classer. Rarement une de ces malades s'est présentée à nous telle qu'il fût imposssible d'hésiter entre plusieurs qualifications. L'une, atteinte d'un affaiblissement plus ou moins considérable des facultés, présentait en même temps des signes d'hystérie ou de neurasthénie ; l'autre, faible d'esprit, était en même temps une alcoolique, une morphinomane ou une hystérique. Notre classification est donc, sauf pour un petit nombre de cas, fort relative, en ce sens que la qualification attachée à la malade ne porte que sur les accidents prépondérants qu'elle présente et non sur tous.

Nous diviserons nos malades en trois grandes catégories. Dans la première, qui comprend 33 cas, nous faisons entrer tous ceux dans lesquels nous avons rencontré des affections ou des infirmités essentiellement cérébrales, à savoir la paralysie générale (8 cas), le ramollissement cérébral (3 cas), la faiblesse d'esprit (13 cas), enfin les troubles délirants (9 cas). Dans une seconde catégorie, qui comprend 26 cas, nous plaçons un certain nombre de malades caractérisées par l'épuisement physique et

moral, femmes plus ou moins frappées de neurasthénie et plus ou moins débilitées mentalement,
femmes valétudinaires, souffrantes, atteintes des
maladies organiques les plus variées et quelquefois
adonnées à la morphine. Parmi les voleuses de
grands magasins il n'en est pas qui soient peut-être
plus dignes d'intérêt. Enfin dans la troisième catégorie nous plaçons d'une part les hystériques qui
forment dans notre statistique le gros bataillon (37
cas — il faut dire que chez elles l'hystérie est loin
d'être seule en cause) et nous leur adjoignons les
femmes assez nombreuses (15 cas) pour qui tous les
accidents physiologiques dus au sexe (menstruation, grossesse, ménopause, etc.) sont autant de
causes de trouble plus ou moins intense du côté
du système nerveux et du cerveau.

Reprenons l'une après l'autre ces trois grandes
catégories.

V

Des affections surtout mentales qui composent notre première catégorie il en est deux sur lesquelles nous passerons rapidement : c'est la démence de la paralysie générale et celle du ramollissement cérébral. Si nous ne parlons pas de la démence sénile, c'est que nous ne l'avons guère rencontrée sur notre chemin ou qu'elle se confondait avec la démence du ramollissement. Dans les trois cas la maladie est d'ordinaire assez facile à constater, attendu qu'elle présente des signes à la fois physiques et mentaux qui ne permettent guère de la méconnaître, et, une fois reconnue, ele porte en elle-même sa conclusion au point de vue médico-légal.

La démence de la paralysie générale est bien connue. C'est parfois une démence complète, absolue. La malade, depuis longtemps incapable de se diriger, est gardée étroitement chez elle. Mais un jour elle trompe cette surveillance, erre au hasard, rencontre un magasin, y entre et y prend le premier objet venu qui la tente. Son attitude est tellement significative, son langage tellement dénué de sens que, du premier coup, la maladie saute aux yeux et que le commissaire de police devant qui on l'amène ne peut avoir d'autre préoccupation que de retrouver le domicile de l'égarée et de l'y faire reconduire.

Toutes les paralytiques n'évitent cependant pas le passage par la prison. Chez quelques-unes la maladie est moins avancée et leurs explications n'accusent pas toujours nettement l'état de leur esprit. Mais les renseignements recueillis et au besoin l'examen médical ne tardent pas à faire la lumière et l'erreur est vite réparée. Remarquons que parmi les paralytiques qui volent dans les grands magasins on ne rencontre pas que des femmes. On rencontre également des hommes. Sur les 8 cas de notre statistique 2 appartiennent à des hommes.

La démence du ramollissement cérébral n'est pas celle de la paralysie. Elle est souvent moins nette et, partant, plus difficile à diagnostiquer. D'une façon générale, la malade reste plus consciente de ses actes et de ses discours. Par moments même, il semble qu'elle se reprenne tout à fait, et si dans ces moments-là on l'interroge, il peut paraître à des yeux incompétents qu'elle est en posses-

sion de ses facultés. L'expert de son côté ne
découvre pas toujours du premier coup les lacunes
profondes qui existent du côté de l'intelligence.
C'est en la suivant dans son existence, en se rensei-
gnant sur son passé qu'il arrive à se convaincre
qu'elle est loin d'être saine d'esprit. Il apprend
qu'elle commet des oublis incompréhensibles,
qu'elle a des absences inexplicables, qu'elle se
livre parfois à des actes dont rougiraient des
enfants. Il apprend encore que depuis des mois et
quelquefois des années elle est sujette à des étourdissements, à des *attaques* qui la laissent pendant
un certain temps avec de l'embarras de la parole
et de l'affaiblissement musculaire d'un côté, embarras et affaiblissement dont il est souvent possible
de découvrir les traces. Il va sans dire que nous
ne parlons ici que des cas où l'affection se présente
avec des caractères peu apparents et où, pour la
découvrir, l'intervention de l'expert est indispen-
sable, car il en est d'autres où les signes physiques,
sans parler des signes mentaux, sont si éclatants
que le doute n'est pas permis.

Afin de fixer les idées, nous reproduirons ici l'une
de nos observations les plus concluantes :

OBSERVATION I

Il n'est pas besoin d'observer longtemps Mme B...
pour être convaincu qu'on a devant soi une malade.
Elle apparaît telle à première vue : sa démarche est
pénible ; sa figure, qui exprime l'étonnement, la
souffrance et l'inquiétude, se contracte spasmodi-
quement à la première question qu'on lui pose et
son regard devient anxieux, comme celui de quelqu'un qui cherche à comprendre. Elle se tourne
vers les personnes qui l'entourent pour savoir ce
qu'elle doit répondre, il faut lui répéter plusieurs
fois les choses avant qu'elle arrive à saisir ce que
l'on veut d'elle, et quand elle l'a compris, elle ne
sait que dire ; elle n'a plus de mémoire, s'irrite de
ne pouvoir répondre, s'agite et pleure.

Voici plusieurs années que l'état mental et physique de Mme B... va baissant, mais c'est une prédisposée de longue date. Elle a eu à treize ans une
fièvre typhoïde grave, dont elle a failli mourir. De
plus elle s'est formée tard et difficilement, elle a
toujours été mal réglée et sujette chaque mois à
quelques troubles nerveux. Cependant jusqu'en ces
dernières années Mme B..., sans être une femme
ni très vigoureuse, ni très intelligente, n'était pas
à proprement parler une malade. Mais sa santé
n'a pu résister aux rudes émotions des pertes
domestiques : elle a vu disparaître successivement

en quelques années une grande fille de vingt ans, puis un petit-fils de quatre ans, enfin son mari. A la suite de tous ces désastres son intelligence a sombré. Depuis la mort de son mari, elle éprouve des accidents cérébraux graves : elle a fréquemment de légères attaques apoplectiques, d'où elle sort avec de l'embarras de la parole et une impuissance musculaire momentanée, et après chaque attaque son intelligence baisse, sa mémoire diminue, surtout pour les faits récents ; elle comprend de plus en plus mal. On a aujourd'hui beaucoup de peine à la faire causer. Elle est d'une tristesse que rien ne peut adoucir.

Les accidents de la ménopause sont venus en ces derniers temps aggraver encore cet état mental. Chaque mois, à l'époque habituelle, elle a de véritables crises nerveuses, ne dort plus, ne peut même plus rester au lit, tremble de tout son corps à la moindre émotion, ne cesse de pleurer. Elle, qui a toujours été douce avec tout le monde, a des mouvements de colère dans lesquels elle injurie et frappe les siens. La marche lui devient chaque jour plus difficile. Il faut la suivre et la soutenir. Elle a des absences, des inadvertances extraordinaires ; un jour qu'on vient toucher quelque peu d'argent chez elle, elle donne cinquante francs de trop ; un autre jour, elle entre dans une boutique de son voisinage pour acheter un objet dont elle a besoin et part sans payer. De plus en plus elle est incapable de diriger son ménage, de tenir ses comptes, de régler sa dépense. C'est sa fille qui se charge de tout, qui la surveille, qui la conduit.

Telles sont les conditions dans lesquelles Mme B., un jour du mois de mai dernier, a volé dans un grand magasin. Sa fille s'étant absentée ce jour-là, elle est sortie plutôt dans un but de distraction que par la nécessité de se procurer quelque chose. Arrivée au magasin, elle a oublié complètemnt l'objet de son expédition, elle a suivi le monde, s'est trouvée poussée à un comptoir quelconque et a pris ce qui lui est tombé sous la main. On chercherait vainement à lui faire dire aujourd'hui ce qui s'est passé en elle à ce moment-là et pourquoi elle a fait ce qu'elle a fait. Elle ne se souvient de rien et ne sait même pas ce qu'elle a pris.

Ses voisins racontent que ce jour-là même, au moment de partir, elle leur avait tenu des propos bizarres. Elle eût voulu, par exemple, que leur jeune fille se mît immédiatement au piano pour la faire danser. Comme depuis quelque temps elle était, eux présents, sujette à ces absences, on ne s'était pas autrement alarmé.

Le lendemain, elle fut tellement agitée qu'on dut la maintenir et que le médecin fut sur le point de la faire placer dans une maison de santé.

Ce dernier accident a nécessairement aggravé son état. Elle est depuis lors de moins en moins consciente, de moins en moins capable de se diriger et sa fille la mène comme une enfant.

VI

Des voleuses dont l'intelligence est affaiblie, il est naturel de passer à celles dont l'intelligence a été de tout temps médiocre. Ces faibles d'esprit sont légion, mais toutes ne sont pas également frappées, et beaucoup, bien qu'inférieures à la moyenne et peu capables de se conduire raisonnablement, ne sont pas cependant tellement sottes qu'elles ne sachent pas très bien distinguer ce qui est permis de ce qui est défendu et ne soient en état d'obéir à la loi pénale. Où commencent les unes, où finissent les autres? Il y a dans cette détermination d'assez grosses difficultés pratiques. Mais c'est là un point délicat que nous n'avons pas à traiter en ce moment et nous nous bornerons à montrer ce que nous avons rencontré.

Sur nos 111 cas de voleuses infirmes ou malades nous avons recueilli 13 cas de faibles d'esprit. Parmi elles, il y a des sujets de tout âge: des jeunes filles comme des femmes très mûres, dont la débilité mentale est due tantôt à l'hérédité, tantôt à

5

la maladie et souvent aux deux. Les unes, en
volant, ont obéi à l'entraînement, aux mauvais
conseils, d'autres à l'influence momentanée de circonstances particulières. En général, elles ne cher-
chent pas à excuser l'acte commis ou ne trouvent
à alléguer que des motifs ridicules. L'une d'elles,
par exemple, avec un accent de sincérité non douteux, prétendait qu'elle considérait l'objet volé
comme une *prime*. Elle s'était emparée d'une ombrelle : « Mon choix fait, dit-elle, j'attendis un
instant qu'un vendeur vînt me prendre pour me
conduire à la caisse. Ne voyant rien venir, je
me suis dit : Tu as besoin d'une ombrelle,
prends-la. Ce n'est après tout qu'une prime. Tu
toucheras bientôt de l'argent, et comme tu as l'intention de te meubler un petit logement, tu vien-
dras ici acheter tes meubles. Le magasin sera rem-
boursé au centuple...»

Les quatre observations qui vont suivre montre-
ront nos faibles d'esprit sous des jours assez variés.
Parmi elles, il y a une voleuse à l'étalage et deux
voleurs de grand magasin. Ce sont là des cas qui
ne devraient peut-être point figurer dans notre
cadre, mais qu'on nous pardonnera d'y admettre
en raison de leur intérêt. Ce sera là d'ailleurs la

seule infraction que nous ferons à notre programme dans le cours de cette étude.

Commençons par notre voleuse à l'étalage, sujet complexe, car c'est tout à la fois une débile et une névropathe.

OBSERVATION II

La dame C... est accusée de vol à l'étalage. Elle reconnaît les faits sans difficulté et donne de son acte une excuse qui pour sa naïveté, tout au moins, vaut la peine d'être citée :

« Je venais de perdre mon porte-monnaie qui contenait dix-neuf francs trente-cinq centimes, et comme une cliente m'avait remis de l'argent pour lui acheter un poulet, comme j'en avais l'habitude tous les dimanches, ne voulant pas rentrer sans l'apporter, j'ai pris le parti d'en voler un. »

Un enfant ne dirait pas mieux. La dame C... n'est certes plus une enfant puisqu'elle a cinquante-deux ans, mais elle en aurait dix qu'elle ne penserait pas, ne raisonnerait pas, ne s'exprimerait pas autrement qu'elle ne fait. L'intelligence a subi chez elle un arrêt de développement, dont la cause est à la fois héréditaire et maladive.

Fille d'un père buveur et d'une mère paralytique, elle a été dès l'enfance considérée comme une faible d'esprit, ce qui fait qu'elle n'a jamais été à l'école et n'a même pas reçu chez elle les premiers éléments de l'instruction primaire ; elle a toujours eu fort peu de mémoire. La maladie a ajouté à cet état constitutionnel. Non qu'elle ait jamais fait de maladie grave, mais dès l'enfance elle a été sujette à des migraines extrêmement pénibles, qui ne l'ont jamais abandonnée, qui se sont aggravées à l'époque de la formation et qui ont à la longue amoindri encore ses facultés. Deux fois par semaine, en moyenne, elle est prise subitement de bourdonnements d'oreilles, avec une sensation de sang à la tête et de battements aux tempes tellement intense qu'elle ne sait plus ce qu'elle fait et qu'elle est obligée de se mettre au lit. Depuis quelques années, son état est devenu tout à fait inquiétant. Quand ses crises la surprennent dans la rue, elle s'égare et est obligée de demander son chemin, et dans l'intervalle même des crises elle témoigne par son attitude et ses actes d'un affaiblissement marqué de l'intelligence. Elle est comme hébétée, perd de plus en plus la mémoire, ne se souvient plus d'un moment à l'autre de ce qu'elle doit faire ou de ce qu'on lui a demandé, parle peu, semble préoccupée, se fait des idées noires et pleure constamment.

Telle est la femme qui le 21 mars dernier a volé un poulet à l'étalage d'une marchande. Il résulte des renseignements pris sur elle qu'elle n'en est pas à son coup d'essai : elle a en effet à son casier judiciaire douze condamnations pour vol, en sorte qu'on est d'abord tenté de se demander si cette faible d'esprit n'est pas une voleuse de profession ? Plus on examine les choses de près, plus on s'aperçoit qu'il n'en est rien et que le nombre aussi bien que l'espèce des vols commis par la prévenue est plus propre à montrer en elle une malade qu'une criminelle.

C'est à l'année 1867 que remonte son premier larcin. Elle était mariée et enceinte alors pour la première fois. Elle eut une envie de femme grosse, se laissa tenter par la vue d'un poulet et, à la façon d'une enfant ou d'une simple d'esprit, qui ne réfléchit guère aux conséquences, elle le prit. Quatre ans s'écoulent sans nouveau méfait, mais en 1871, étant enceinte pour la seconde fois, elle est assaillie par la même tentation et vole un second poulet.

De 1871 à 1879, huit années se passent sans récidive ; après quoi s'ouvre une période désastreuse : chaque année, jusqu'en 1883, est marquée par une condamnation. De 1883 à 1890, les vols cessent ; mais, en 1890, ils recommencent ; et le plus récent est le cinquième de la série.

Deux points sont à noter dans cette suite de méfaits commis par Mme C... D'abord c'est que tous ses vols se ressemblent : elle a toujours volé à l'étalage et n'a jamais volé que des volailles ou des lapins. On sait en quelles circonstances le premier et le second vol ont été commis : elle était en état de grossesse et sous l'influence de cet état. Elle n'invoque pas la même excuse pour les autres, mais elle déclare que depuis ces premiers vols de poulet elle n'a jamais pu vaincre l'attraction extraordinaire que lui fait éprouver l'étalage d'une marchande de volaille. Ne semble-t-il pas que l'envie de la femme grosse a en quelque sorte survécu à l'état de grossesse et n'a cessé de la poursuivre ?

Un autre point à considérer, c'est l'intermittence de ces vols. De 1871 à 1870 comme de 1883 à 1890, Mme C... n'a pas volé. Y eut-il là chez elle des périodes d'assagissement, de réforme, d'accroissement de puissance sur elle-même ? Nullement. Si elle n'a pas volé, cela a tenu uniquement à ce qu'à partir de 1871, comme à partir de 1883, son mari, effrayé de ses agissements, a pris les mesures convenables pour les arrêter. Voyant qu'il avait affaire à une enfant, il l'a traitée en enfant : il ne l'a plus laissée sortir seule ; il a fait lui-même son marché et ses commissions ; il lui a épargné, en un mot, toutes les occasions d'être tentée. Un moment, la croyant devenue plus capable de se conduire, il a relâché les liens, mais Mme C... est retombée dans les mêmes fautes et il a fallu de nouveau la séquestrer. Depuis 1890, Mme C..., devenue veuve puis remariée à un homme valétudinaire, n'a plus eu auprès d'elle le mentor qu'il lui eût fallu, et elle s'est laissée aller à son penchant avec d'autant plus de facilité que ses facultés, baissant avec l'âge étaient moins que jamais en état de la contenir.

Avec l'observation suivante nous retrouvons une voleuse de grands magasins.

OBSERVATION III

Mme G... est inculpée de vol dans un grand magasin. Elle a été arrêtée le 3 septembre, à 7 heures du

soir, au sortir du magasin du Printemps, ayant sur
elle et cachés sous ses vêtements un coupon de
soie, un cache-corset, deux fichus, deux taies
d'oreiller, qu'elle emportait sans les avoir payés.
Une perquisition opérée aussitôt à son domicile a
fait découvrir quantité d'autres objets volés par
elle dans le même magasin et conservés dans des
armoires, tous inutilisés d'ailleurs et munis encore
de leur étiquette de vente. Dans la liste, qui est
longue, nous relevons cinq paires de bottines,
vingt-deux coupons de lainages ou de soieries,
deux douzaines de mouchoirs, cinquante-six paires de bas noirs, trente-trois paires de chaussettes
de couleur, etc., etc.

Devant cette accumulation d'objets volés sans
profit apparent par une femme qui vit dans l'aisance et a le moyen de se procurer non seulement
le nécessaire mais encore beaucoup de superflu, la
première pensée qui vient à l'esprit est qu'elle ne
doit pas jouir de ses facultés, et on ne peut s'étonner de rencontrer dans le dossier un certificat de
médecin qui la déclare atteinte de kleptomanie.

Mme G..., qui a aujourd'hui quarante-neuf ans, a
joui depuis son enfance d'une bonne santé, car on
ne peut appeler maladie le trouble nerveux très
passager qu'elle a éprouvé peu après son mariage.
Formée à seize ans sans difficulté, elle a toujours
été bien réglée et jamais ses époques n'ont été mar-
quées par les malaises dont souffrent souvent tant
d'autres femmes. C'est donc une personne de constitution robuste, sans antécédents domestiques
aussi bien que sans antécédents personnels
sérieux.

L'intelligence ne paraît malheureusement pas aussi vigoureuse que le corps. Elle a toutes les apparences d'une faible d'esprit qui ne sait que répondre par des monosyllabes à toutes les questions qu'on lui pose. Très sourde avec cela, elle entend et comprend mal ce qu'on lui demande et si son mari n'était pas là pour lui venir en aide, on aurait grand'peine à connaître quelque chose de son passé et des circonstances dans lesquelles elle a volé. Sa vie, comme on va le voir, est celle d'une femme aussi pauvre d'intelligence que dénuée d'orgueil et plus faite par conséquent pour suivre que pour conduire.

Venue de province à Paris en 1871 pour y gagner sa vie comme cuisinière, elle épousa à l'âge de vingt-neuf ans un garçon marchand de vins qui, aussitôt après son mariage, l'emmena dans son pays. Ici se place l'unique accident pathologique qu'elle ait éprouvé dans sa vie. Le lendemain de son arrivée, elle fut prise de visions singulières : tout autour d'elle remuait, tournait, marchait, se transformait. Cet état de trouble mental, qui dura deux jours et se termina par une crise convulsive, ne se renouvela jamais, mais à partir de ce moment elle devint dure d'oreille, et cette surdité augmentant avec l'âge on ne peut aujourd'hui se faire entendre d'elle qu'en criant très fort. Hors cette infirmité, sa santé physique ne laisse rien à désirer.

Un an après ce voyage, Mme G... qui avait repris sa place comme cuisinière chez ses patrons se laissa tenter par quelques comestibles à l'étalage

d'une fruitière, les vola, fut pour ce fait traduite
en justice et condamnée, après un premier juge
ment par défaut, à un mois de prison.

Le mari, qui, au même moment, venait de quitter
le patron qui l'employait pour s'établir lui-même
marchand de vins, reprit aussitôt sa femme et
l'installa dans sa maison de commerce : mais dans
le ressentiment qu'il lui gardait de l'acte déshono·
rant qu'elle avait commis, il cessa de la voir
avec les mêmes yeux, et à partir de ce jour il la
considéra plutôt comme une domestique que
comme une épouse. Il lui interdit de sortir de chez
lui sous aucun prétexte, sauf en sa compagnie, ce
qui n'arrivait guère que trois ou quatre fois par an,
et, afin de ne pas lui laisser l'ombre d'un motif pour
quitter son comptoir, c'est lui-même qui achet'a
tous les objets dont elle pouvait avoir besoin per·
sonnellement. Elle se résigna sans difficulté à son
nouveau sort et se fit *pendant quinze ans* la plus
fidèle, la plus dévouée, la plus active des servantes.
Sur ce point, son mari ne tarit pas d'éloges sur
son compte.

Dans de telles conditions, la maison prospéra, et,
il y a trois ans, M. G... vendait son magasin de
détail pour s'établir marchand de vins en gros.

Il rendit alors à sa femme une liberté dont elle
ne semblait à aucun égard devoir abuser. Elle
avait pris dans les quinze années précédentes des
habitudes tellement casanières et tellement mo·
destes qu'elle n'aurait pu désormais se faire à d'autres, alors même qu'elle l'eût voulu et qu'on l'y eût
poussée. Une amie à visiter de temps en temps était

la seule distraction qu'elle fût en état de désirer.
Fort peu intelligente d'ailleurs, ne lisant et n'écri-
vant jamais, ayant même perdu dans sa longue
inaction mentale le peu qu'elle avait appris dans
son enfance sur les bancs de l'école, qu'avait-elle de
mieux à faire que de se consacrer uniquement aux
soins du ménage ?

Cependant, comme il ne lui était pas interdit de
sortir, elle songea à aller se procurer elle-même les
objets qui lui étaient nécessaires pour son usage
personnel, et il y avait un an que cela durait quand
sortant un jour du magasin du Printemps, où elle
venait de faire une emplette, elle aperçut à l'étalage quelque chose qui la tenta et le prit.

S'il faut l'en croire et nous n'avons aucune raison de ne pas l'en croire, ce premier vol fut pour
elle le début d'une nouvelle existence. Elle se mé-
tamorphosa. Son ménage, son mari passèrent au
second rang dans ses préoccupations et elle n'eût
plus qu'une pensée : retourner au grand magasin
pour y voler. La chose lui avait parue si facile et
elle en avait éprouvé un tel plaisir ! D'autre part,
elle ne laissait pas que d'être épouvantée de ce
qu'elle avait fait et elle était tourmentée de remords au point d'en perdre le sommeil. Mais ce
fut plus fort qu'elle, assure-t-elle, et après de longues hésitations elle reprit le chemin du grand
magasin. Elle raconte qu'au moment où cette passion absurde s'est emparée d'elle, elle se sentait
lourde, fatiguée, la tête pesante. A peine se fut-elle
mise à voler qu'elle est devenue tout autre. La dépression a disparu pour faire place à un état d'exci-

tation que le grand magasin entretient sans cesse et qu'il ranime quand il s'éteint. Parfois, quand elle est demeurée quelque temps sans revoir ses chères galeries, elle retombe dans sa dépression première. Elle part alors pour le grand bazar avec des jambes qui peuvent à peine la traîner, et elle en revient alerte, vaillante, rajeunie. Son mari n'a pas été sans s'apercevoir et se ressentir du changement opéré en elle. Depuis un certain temps, il la trouve nerveuse, violente, agressive. Il a à supporter d'elle des moments d'humeur auxquels il n'était pas habitué et la vie en commun est devenue des plus pénibles, bien que sa femme, dit-il, l'aime passionnément et trouve en lui une sorte d'idéal.

Comme toutes les voleuses de ce genre pour lesquelles il y a dans le vol, outre le plaisir de voler, celui d'emmagasiner, Mme G... ne vole guère qu'une sorte d'objets : coupons d'étoffe, bas, bottines, dont elle ne fait aucun usage et qui vont s'entasser dans ses armoires pour y demeurer tels qu'elle les a pris avec l'étiquette du magasin.

Certes, si une femme offre le type accompli de ces voleuses pour lesquelles a été créé le mot de kleptomane, c'est bien celle-là. Nous verrons cependant, lorsque nous en serons au chapitre des interprétations, qu'il n'est nullement besoin, pour expliquer le cas de Mme G..., d'invoquer un prétendu penchant naturel et irrésistible pour le vol. Il suffira de considérer d'une part son état mental, et de l'autre les conditions dans lesquelles elle a vécu.

Achevons cette revue des esprits faibles par les
deux observations de nos voleurs hommes. Ce
sont, nous le répétons, les deux seuls cas masculins
que nous nous permettrons de reproduire. L'hom·
me infirme ou malade qui vole dans les grands
magasins est chose rare, et quand il se rencontre,
c'est dans la catégorie des déments ou celle des
imbéciles. Il n'est donc pas mauvais d'en signaler
des exemples. Dans l'observation qui suit, notre
imbécile est doublé d'un mélancolique, et c'est ce
qui en fait l'intérêt.

OBSERVATION IV

L... est un homme de vingt-neuf ans qui, avec sa
petite taille, son air malingre, sa figure imberbe,
sans parler de sa timidité, n'en paraît guère plus
de vingt. Il a les apparences d'un enfant plus que
celles d'un homme, et on ne peut guère converser
quelques instants avec lui sans se convaincre qu'il
n'est guère plus vigoureux d'esprit que de corps.
Il s'exprime difficilement et a autant de peine à
rassembler ses idées qu'à trouver ses mots. Issu
d'une famille où l'on découvre au moins un cas
avéré de folie, frappé lui-même de convulsions
dans le jeune âge, il a été toute sa vie un arriéré,
un inférieur, capable des besognes infimes, vul·
gaires, mais tout à fait insuffisant dès qu'il a fallu

faire paraître quelque peu de perspicacité et de
jugement. Il a appris à l'école à lire, à écrire et à
compter, mais rien de plus. Au sortir de l'école, il
a travaillé aux champs avec son père, puis il s'est
fait garçon épicier, en province d'abord, à Paris
ensuite. Partout il s'est bien conduit, a convenablement rempli sa tâche et s'est fait considérer comme
un garçon très économe, pour ne pas dire très
avare.

Il avait vingt-six ans quand il a quitté le patron
du boulevard Arago chez lequel il travaillait
pour se marier et prendre un établissement à son
compte. Avec les deux mille francs d'économie
qu'il avait amassés sou à sou et la petite dot que
lui donnèrent ses parents il acheta un fonds.

Deux ans ne s'étaient pas écoulés qu'il faisait
faillite. Cette faillite ne s'explique que par l'incapacité mentale de L..., car la maison n'était pas
mauvaise, n'ayant pas eu à lutter contre des con-
currences désastreuses, et quant à lui, il était resté
aussi sérieux, aussi économe que par le passé. Mais
il manquait de l'intelligence qu'exige le commerce,
il ne savait ni acheter, ni vendre, voulait trop
gagner, et n'avait même pas l'esprit de recevoir
convenablement ses clients.

Il se refit donc garçon épicier pendant que sa
femme se remettait à son état de couturière, et
bientôt tous deux trouvèrent à se placer dans une
même maison, la femme comme concierge et lui
comme garçon de bureau. Mais depuis cette époque, nous assure sa femme, il n'est plus le même.
La perte de tout ce qu'il possédait lui a été un coup

terrible. N'ayant jamais vécu que pour son argent, il demeure inconsolable du désastre qu'il a éprouvé. C'est toujours le même travailleur infatigable, mais, hors le travail, il semble n'avoir plus d'idée que pour ce qu'il a perdu. Le père, le mari, tout a disparu en lui. Il se soucie aussi peu de son enfant que de sa femme. Quand il a une heure de repos, c'est pour la passer sur une chaise, inerte, absorbé, insensible à tout ce qui se passe autour de lui. Et si on lui demande alors à quoi il pense, il répond qu'il songe à ce qui lui est arrivé. C'est un mélancolique et un obsédé.

Que, dans un tel état, un homme surtout faible d'esprit, puisse à un moment donné soustraire à des étalages l'objet qui l'attire, c'est ce qui ne saurait beaucoup surprendre. Les facultés mentales qui devraient s'employer à le contenir, à le refréner sont comme employées ailleurs et il demeure en quelque sorte abandonné sans contrôle à ses instincts. Il y a là comme un dédoublement momentané de la personnalité. L'individu n'est pas complètement inconscient de ses actes ; la preuve en est qu'il en conserve souvent le souvenir. Mais il assiste à l'acte qu'il commet en étranger pour ainsi dire, comment il s'en désintéressait, sans rien faire pour y mettre obstacle.

OBSERVATION V

N... est un homme de trente-cinq ans, de taille moyenne, aux traits assez réguliers, n'offrant d'autre particularité qu'une grande pâleur qui s'accentue sous l'influence des moindres émotions et s'accompagne alors d'un léger tremblement nerveux.

Il n'a jamais fait de maladie grave pendant son enfance, mais il est fils d'un alcoolique et comme plusieurs de ses frères et sœurs il porte la trace de son origine.

Une sœur est morte l'an dernier à l'âge de trente-cinq ans, paralytique aphasique en pleine démence. Un frère, qui habite Chartres avec sa mère, a été réformé du service comme imbécile, et gagne sa vie en servant les maçons. Le prévenu est lui aussi un faible d'esprit. Mis à l'école à sept ans, il a eu beaucoup de peine à apprendre. Il lit assez bien, mais écrit fort mal et est incapable de mettre l'orthographe. Entré à douze ans comme apprenti chez un imprimeur de Versailles, il y est demeuré jusqu'à la déconfiture de la maison. Il s'est fait ensuite manœuvre et a servi les plombiers pendant six ans. Au moment du tirage au sort, il s'était élevé au rang de petit ouvrier. Un mauvais numéro l'ayant placé dans l'infanterie de marine, on l'envoya aux colonies où il fut atteint de fièvres paludéennes et de dysenterie. Libéré en 1882, il revient à son métier de plombier, mais, épuisé par la maladie, il quitte bientôt une profession trop pénible et demeure plusieurs années inactif. Enfin se sentant redevenu plus fort, il sollicite du ministère du commerce une place de garçon de bureau, l'obtient et la garde jusqu'en ces derniers temps, c'est-à-dire pendant huit ans.

Il est bon de constater que si N... ne s'est fait

remarquer nulle part par son intelligence, nulle part non plus il n'a passé pour un mauvais sujet, n'a été chassé d'aucune des places qu'il a occupées et est demeuré huit années dans la dernière. Durant ces huit années, son service n'a été interrompu que par des crises fébriles périodiques, qui reviennent assez régulièrement tous les trois mois, s'exaspèrent au printemps et l'obligent chaque fois à demeurer au lit une huitaine de jours. Ces fièvres persistantes l'ont profondément affaibli. Son teint est pâle et légèrement terreux ; il digère mal, il est sujet à des maux de tête fréquents, presque continus, siégeant principalement à la nuque et s'irradiant vers les tempes ; il dort peu, tremble facilement, enfin il perd la mémoire. Ce n'est en effet qu'avec une difficulté extrême qu'on lui arrache quelques renseignements sur son passé. Des certificats médicaux, dont l'un date de loin, constatent cette affection chronique du prévenu.

C'est le 9 juin dernier que M... était arrêté pour vol au magasin du Bon-Marché, où on le surprenait emportant une paire de chaussons et une pièce de soie. Or, il y avait à ce moment six mois qu'il volait presque journellement sans avoir jusque-là éveillé aucun soupçon. Rien n'avait paru modifié dans ses habitudes journalières ; il n'avait pas cessé de se rendre régulièrement à son bureau ; il continuait de prendre ses repas chez une de ses sœurs ; il occupait toujours la même chambre ; il sortait et rentrait aux mêmes heures que par le passé. Le nombre de ses vols est considérable (plus de cent) et parmi les objets volés il y en a de valeur. La plu-

part de ces objets sont de petite dimension et ont
pu être soustraits assez aisément, mais quelques-
uns, plus volumineux que les autres, ont dû
demander beaucoup d'adresse ou d'audace au
voleur qui les emportait.

Presque tous sont des objets dont le prévenu
aurait pu certainement tirer parti, mais il y en a
aussi plus d'un dont il n'aurait su que faire, comme
par exemple une paire de chaussons d'enfant ; certains sont en nombre, comme des parapluies, des
porte-monnaie, des lorgnettes. De petits bronzes
d'art, des couverts d'argent se trouvent dans l'in-
ventaire mêlés à des savons, des peignes, des pots
de pommade : c'est l'assortiment d'un bazar.

Tous ces objets, hormis un seul, déposé au Mont-
de-Piété en échange de 4 francs, se sont retrouvés
au logement du prévenu tels qu'ils avaient été pris
dans les magasins ; vêtements, savons, pots de
pommade, bronzes d'art, parapluies, tout était
intact, conservé religieusement dans des armoires
qui commençaient à devenir trop étroites et
allaient obliger leur possesseur à prendre un logement plus vaste au moment même où il s'est fait
arrêter.

Qu'on soit ici en présence d'un voleur peu ordinaire, cela ne saurait faire doute, mais ce voleur
est-il un malade ?

Ce que lui-même raconte au sujet de ses larcins,
des mobiles qui l'ont poussé, des sentiments qui
l'animent depuis qu'il vole va nous permettre de
répondre à la question.

Le jour où il a volé au Bon Marché pour la pre-

mière fois, il y était entré, assure-t-il, sans la moindre
intention mauvaise, uniquement pour *voir* ; mais
voilà qu'une petite figurine en porcelaine attire son
attention, excite son désir et, sans prendre garde
aux conséquences, il s'en empare. Étonné lui-même
de la facilité avec laquelle il a opéré, il revient au
même lieu quelques jours après et commet une
seconde soustraction. Depuis ce moment il vole
presque quotidiennement au sortir de son bureau,
tantôt dans un magasin, tantôt dans un autre. La
promenade et le vol dans les grands magasins semblent faire désormais partie de son hygiène habituelle. Et pendant six mois il déroute toutes les sur-
veillances, car il sait parfaitement qu'il fait mal et
il se cache adroitement pour voler. Cet homme,
honnête et irréprochable pendant trente-cinq ans,
a-t-il au moins des remords dans l'intervalle de ses
promenades délictueuses ? Fort peu : « Parfois, dit-
il, l'idée que je faisais mal ne me laissait pas sans
inquiétude, mais ne tenait pas devant l'attrait du
vol et le plaisir que je prenais à voler. Pendant ces
six derniers mois *j'ai été heureux.* » Et quand on
lui demande : « Mais quel plaisir trouviez-vous
donc à accumuler ainsi dans des armoires des
objets dont vous ne faisiez rien ? » il répond :
« J'éprouvais le plaisir de posséder, de sentir que
toutes ces choses étaient à moi ; je les contemplais,
je les palpais ; c'est une jouissance comme une
autre. »

Le mobile invoqué par M..., à savoir le plaisir de
la possession indépendamment de toute autre considération, n'est certainement pas en lui-même un

mobile morbide, sans quoi beaucoup de proprié-
taires et presque tous les collectionneurs seraient
des malades, mais, en fait, on ne voit guère qu'un
tel mobile soit d'ordinaire assez énergique pour
pousser un homme à voler, hors les cas. où cet
homme est frappé dans les œuvres vives de son
cerveau.

VII

Après les insuffisances mentales, acquises ou
innées, il convient de placer, pour en finir avec les
accidents cérébraux proprement dits, les troubles
mentaux. Il arrive fréquemment en effet qu'on rencontre parmi ses voleuses — à côté des démentes
et des faibles d'esprit — des délirantes, des hallu-
cinées, des folles. Nous avons pour notre part
recueilli neuf cas de ce genre.

Dans la plupart d'entre eux (7 cas sur 9), la folie
n'avait eu aucune action directe sur l'acte délictueux. Les malades présentaient un délire plus ou
moins incohérent, se livraient à des actes plus ou
moins absurdes, mais on ne découvrait rien dans
leur état mental qui les portât plus spécialement à

voler. Elles étaient un jour sorties de chez elles
pour faire une course, elles avaient rencontré sur
leur chemin le grand magasin, y avaient suivi la
foule et y avaient soustrait un objet. Certaines
avaient agi très consciemment, sachant fort'bien
qu'elles faisaient une chose qu'elles ne devaient
pas faire, mais donnaient de leurs actes des explications étranges. L'une affirmait qu'elle n'avait fait
que reprendre ainsi quelque chose de ce que le
grand magasin lui avait volé à elle-même ; l'autre
qu'elle s'était vengée de tel ou tel employé de la
maison qui lui avait fait des misères ; une troisième qu'elle ne voyait pas pourquoi elle payerait
des objets qui devraient être à tout le monde. Mais
le plus souvent, elles avaient été inconscientes de
leur vol et assuraient, contre 'toute vraisemblance,
ou bien qu'elles n'avaient rien volé, ou bien qu'elles
avaient payé ce qu'elles avaient pris.

En deux cas seulement nous avons trouvé l'état
mental en rapport direct avec le vol. Dans le premier il s'agit d'une faible d'esprit très délirante,
très hallucinée, très suspecte aussi au point de vue
alcoolique, qui obéit, en volant, à des hallucinations
impérieuses ; dans le second, d'une femme qui,
non moins délirante que la première et peut

être plus déséquilibrée, finit par ne plus être maîtresse de ses actions et est constamment poussée à
faire le contraire de ce qu'elle désire : elle veut agir,
quelque chose la retient ; elle ne veut pas agir,
quelque chose la pousse. Ces deux cas, beaucoup
plus rares et plus intéressants que les premiers,
méritent d'être rapportés.

OBSERVATION VI

La dame R... est inculpée de vol dans les magasins du Bon-Marché et du Louvre. Elle a volé dans
ces deux magasins à plusieurs reprises, ce dont
elle-même a fait spontanément la déclaration au
commissaire de police le jour où elle a été prise en
flagrant délit. Elle allègue en sa faveur un trouble
mental grave, qui remonterait à plusieurs années.

Quelques mots d'abord sur le passé de l'inculpée.

Au point de vue de la santé physique, rien de
remarquable. Point de maladie grave, ni dans l'enfance, ni dans l'âge adulte. Point d'accidents con-
vulsifs, point de troubles nerveux au moment de
l'apparition des règles, ni depuis lors aux époques
cataméniales. C'est une femme qui aurait toujours
joui d'une bonne santé si elle n'était sujette à des
migraines fréquentes et parfois très douloureuses.
La tête ne vaut pas le corps. Mme R... semble une
personne médiocrement intelligente. Ce n'est pas
sans peine qu'elle a appris à lire, écrire et compter
en sept ans d'études primaires. Son esprit s'est

peu développé. A certains égards, elle est même
demeurée enfant, comme il est facile de s'en assurer
en conversant quelques instants avec elle. Elle
manque des notions les plus usuelles, et ne semble
même pas désireuse d'étendre ses connaissances.

Rien de plus banal que son histoire jusqu'à une
époque récente.

Elle sort de l'école à quatorze ans pour devenir
employée de commerce, se marie à vingt-sept ans,
et pendant une vingtaine d'années mène la plus
paisible des existences.

Elle atteignait quarante-huit ans quand un événement désastreux, la catastrophe du Panama, vint
troubler brusquement sa vie : le petit avoir qu'elle
et son mari avaient péniblement amassé — 3.400
francs — disparut dans le naufrage général.

Chez elle la secousse fut profonde et irrémédia-
ble. La perte énorme qu'elle venait de faire occupe
dès lors toute sa pensée et devient une obsession.
Elle se sent bientôt de moins en moins capable de
réunir ses idées, de se former un jugement, de
prendre une résolution. Elle avait, suivant ses propres expressions, comme un voile devant les idées.
En même temps, sa mémoire baissait, et elle avait
de véritables absences, ne se souvenant pas de ce
qu'elle venait de faire ou de ce qu'elle avait à faire,
oubliant, par exemple, qu'elle avait payé un four-
nisseur, et revenant chez lui pour solder une note
soldée la veille ou le jour même. Cependant ce
n'était là — et il en fut ainsi pendant quelque
temps — qu'un affaiblissement mental, qui la
laissait ordinairement maîtresse de ses actions

actions et ne l'empêchait pas d'agir comme bon lui semblait. Mais cet état s'est peu à peu compliqué de symptômes morbides nouveaux et plus graves, dont l'ensemble a un nom : c'est la folie.

Dès le début des accidents et sous l'influence des obsessions tristes, Mme R... ne dormait plus qu'irrégulièrement, mais peu à peu l'insomnie devint la règle et cette insomnie s'accompagna bientôt de troubles mentaux d'une nature particulière. Elle rapporta à des êtres invisibles acharnés contre elle pour l'empêcher de dormir toutes les sensations anormales qu'elle éprouvait. Il lui semblait qu'on soufflait bruyamment sous sa porte, qu'on sonnait des cloches à ses oreilles, qu'on lui chuchotait des paroles désagréables ou menaçantes. Aux hallucinations de l'ouïe se joignaient des hallucinations de la vue : on lui montrait des bêtes, des serpents, des monstres ; et des hallucinations du tact : on la piquait, on la pinçait.

Tout cela qui n'était d'abord qu'intermittent, tendit — la situation s'aggravant — à devenir continu. Avec chaque nuit revinrent les mêmes terreurs, les mêmes tortures. Non sans modifications toutefois. Les *voix*, qui d'abord ne cherchaient qu'à lui être désagréables, qu'à l'apeurer, devinrent à la longue impératives et menaçantes. Elle fut harcelée d'exigences de toutes sortes : « Fais ceci; fais cela ; sors ; ne sors pas ; va à l'église ; va chez un tel » et la plupart du temps ce qu'on lui ordonnait ainsi de faire était précisément le contraire de ce qu'elle aurait voulu faire.

Et si puissantes étaient ces voix, qui en vinrent

à l'assaillir le jour aussi bien que la nuit — quelque résistance morale qu'elle leur opposât — qu'elle
se vit contrainte d'obéir. « La porte m'eût-elle été
fermée, dit-elle, l'obsession était telle que j'aurais
sauté par la fenêtre. »

C'est au mois de septembre dernier que *ses voix*,
après l'avoir poussée à une foule d'actes bizarres,
commencèrent à lui ordonner d'aller dans les
grands magasins. A ce moment la persécution
était devenue terrible, incessante. Ses voix, après
l'avoir harcelée la nuit, recommençaient le jour
dès que les soins du ménage lui laissaient un moment de repos : « Va au Louvre ; va au Bon-Marché » répétaient impérativement les voix, et finalement elle cédait. D'abord il ne s'agissait que de
visites dans les magasins, mais ensuite il s'est agi
d'y prendre certaines marchandises. Mme R... raconte qu'épouvantée de ces nouveaux ordres, elle
se révolta et un mois durant parvint à résister aux
exigences de ses oppresseurs. « Mais à la fin,
raconte-t-elle, je me sentais comme poussée par les
épaules, mise hors de chez moi, entraînée irrésistiblement vers le magasin et une fois là, les voix
insistant de plus belle, je prenais, je prenais, ne
m'arrêtant que lorsque mes voix elles-mêmes s'ar-
rêtaient. J'aurais pris tout le magasin, si elles me
l'eussent ordonné. »

Nous ne pouvions nous empêcher en entendant
Mme R... de penser que le moins qu'elle aurait pu
faire était de mettre son mari dans la confidence
de ses souffrances et de l'appeler à son secours.
C'est ce que nous lui avons fait remarquer...

« Mais, répond-elle, j'ai été vingt fois sur le point de tout dire à mon mari ; ce sont ces *voix* qui m'en ont empêchée, et par toutes sortes de menaces et même de tortures. Dès que la pensée de parler à mon mari s'emparait de moi, les voix s'y opposaient avec violence, et en même temps je me sentais piquée, pincée, torturée. J'y renonçai. »

OBSERVATION VII

Mᵐᵉ H..., qui a aujourd'hui quarante-cinq ans, n'a jamais été une personne convenablement équilibrée. Elle est fille d'alcoolique et s'est ressentie de cette hérédité dès l'enfance. Orpheline de mère à l'âge de deux ans, et placée par une tante, qui s'était chargée de son éducation, au couvent de M..., elle a montré de bonne heure toutes les défectuosités d'un tempérament nerveux que les difficultés et les chagrins de la vie devaient exagérer outre mesure.

Toutefois, jusqu'à l'époque de son mariage ce n'est encore qu'une jeune fille impressionnable, irritable, d'humeur difficile. Mais avec le mariage et les grossesses qui suivirent l'état s'exaspère, et par moment son entourage n'est pas sans inquiétude à son endroit. Elle ne peut supporter la plus légère observation. Elle fait en pleine rue des scènes absurdes à son mari et sous le plus futile prétexte elle le plante là.

Elle était mariée depuis trois ans quand est survenu l'événement qui plus que tout autre a contri-

bué à la détraquer : le feu prit de nuit à la maison
qu'elle habitait avec son mari, notaire à A... M. H...
était absent. Elle n'eut que le temps de se sauver
emportant dans ses bras un enfant de neuf mois,
et sans regarder derrière elle, elle se jeta à peine
vêtue dans un train qui la conduisit à M... A cette
émotion violente se joignirent bientôt tous les
ennuis d'un procès qui aboutit à la perte presque
totale du bien de la communauté. Elle et son mari
durent quitter A... pour venir habiter Paris.

Vingt-deux ans se sont passés depuis lors, et il
n'est pas exagéré de dire qu'elle est encore sous le
coup de la terreur éprouvée par elle dans cette
nuit sinistre. Mais ce n'est pas seulement le feu
qu'elle redoute. Tout lui est aujourd'hui sujet de
crainte et d'appréhension.Même chez elle, enfermée
dans son logement, elle n'a pas un moment de tranquillité. En plein jour elle s'imagine voir des om-
bres qui circulent autour d'elle, ou des figures gri-
maçantes qui la considèrent. La nuit, c'est à peine
si elle ose se reposer, dans la crainte de tout ce qui
peut advenir. A tout instant, elle saute du lit épouvantée pour aller regarder derrière un rideau, pour
s'assurer que la porte est bien fermée, ou bien elle
s'élance dans la chambre de sa fille, croyant l'avoir
entendu crier. A la campagne, elle ne peut faire
un pas dehors sans croire que quelqu'un la suit.
Dans une rue de Paris, elle quitte tout à coup le
bras de son mari et court devant elle comme une
folle, parce qu'elle aura aperçu quelque individu à
mine suspecte.

Il va sans dire que si elle se laisse troubler

ainsi par des motifs imaginaires, c'est bien autre
chose quand elle a des motifs réels de se tour-
menter. En 1891, elle a perdu sa fille aînée et elle
tremble depuis lors pour la cadette. Il y a cinq ans,
un médecin lui a annoncé brutalement que l'enfant
était poitrinaire : elle se demande comment elle a
résisté au choc. La petite ayant vu tomber récem-
ment ses cheveux a déclaré à sa mère qu'elle se
suiciderait plutôt que de porter perruque : nouveau
et terrible sujet d'angoisse !

On peut la croire quand elle dit que son intelligence ne résiste pas à tant de causes d'inquiétude.
Elle oublie ce qu'elle a à faire, elle ne sait plus travailler, elle a du mal à exprimer ses idées et à dire
ce qu'elle veut dire : « Tu bafouilles, maman »,
lui répète sa fille. Elle en vient à se priver de toute
société pour ne pas dire des sottises devant le
monde. En même temps, son humeur, qui n'a
jamais été douce, s'aigrit encore. Elle est de plus
en plus irritable, cherche querelle à tout venant
et dans ses colères brise parfois ce qui lui tombe
sous la main. Elle-même d'ailleurs se rend très
bien compte de ce qu'elle fait souffrir aux autres
et surtout combien elle devient à charge à ceux qui
l'entourent ; elle se laisse aller insensiblement aux
idées de suicide.

Si chez Mme H... le moral et l'intelligence sont
gravement atteints, la volonté ne l'est guère moins.
Ce n'est pas seulement dans son impuissance à
maîtriser ses passions qu'éclate chez elle le trouble du vouloir ; c'est encore dans quantité d'actes
de sa vie de tous les jours. Elle n'est plus maîtresse

de ses mouvements et en arrive à faire malgré elle
ce qu'elle juge absurde et mauvais. Elle sait, par
exemple, qu'elle ne doit pas toucher à un objet et
elle s'en empare quelque effort qu'elle fasse pour
s'en empêcher. Elle sait qu'elle ne peut tremper
un verre dans l'eau chaude sans risquer de le
briser et elle le trempe quand même. Son mari
l'a vue tenant en ses mains une assiette et s'écriant
tout apeurée : « Je vais la lâcher ! je vais la
lâcher ! » et la lâchant en effet.

Ajoutons que Mme H... se trouve en ce moment
dans une des périodes critiques de l'existence de la
femme. Elle est au début de la ménopause, et chacun sait quelle perturbation intense provoque dans
le système cérébral la cessation du flux menstruel.
Les femmes bien équilibrées résistent ; pour les
autres c'est toujours une aggravation quand ce
n'est pas, — le fait est loin d'être rare, — la perte
plus ou moins prolongée de la raison.

VIII

Nous arrivons, en suivant l'ordre que nous nous
sommes tracé, à une catégorie de délinquantes particulièrement dignes d'intérêt. C'est la catégorie
des neurasthéniques. Très nombreuses parmi les
voleuses de grands magasins, les neurasthéniques
ont ce malheur d'être atteintes d'une affection qui,

n'étant pas évidente par elle-même puisqu'elle n'a que peu ou point de symptômes objectifs, ne peut guère être comprise que par des médecins familiarisés avec ses symptômes.

De là l'incrédulité du public et des juges quand on leur parle de neurasthénie. Il semblerait que c'est là un mot vague inventé comme à plaisir pour donner un corps à des phénomènes inconsistants, ou couvrir d'une explication plus ou moins scientifique des actes répréhensibles. Il n'y a pas de plus grande erreur. Ceux qui sourient au mot de neurasthénie ne se doutent guère que c'est là une des affections du système nerveux les plus cruelles qui soient. Motilité, sensibilité, affections morales, facultés intellectuelles, caractère, fonctions organiques, il n'est pas une partie de l'être qui ne soit atteinte et plus ou moins gravement troublée chez ces malades. C'est peut-être la perturbation la plus profonde et la plus générale qui soit, et cela en effet, sans qu'aucun signe visible ou tangible vienne témoigner de la réalité des souffrances que nous dépeint l'individu. Certes on serait incrédule à moins.

Encore si cette triste affection était de celles qui se présentent toujours avec les mêmes caractères,

il y aurait là de quoi faire réfléchir les hésitants ;
mais nulle n'est plus variable dans ses aspects et
par conséquent plus déconcertante pour qui cherche à la saisir. Il se rencontre bien chez tous les
malades certains signes communs, tels que la
céphalée, l'insomnie, la rachialgie, et par-dessus
tout ce sentiment d'impuissance et d'anéantissement qu'aucun mot ne peut exprimer. Mais à
côté de cette symptomatologie commune, que de
diversité dans les manifestations de la maladie.
Il est rare que la vision ne soit pas touchée,
mais tel malade ne présente que des troubles extrêmement légers de la vue tandis que tel autre est
tout à fait aveugle. Les sensations tactiles et musculaires sont presque toujours altérées, mais tandis
que chez les uns les phénomènes d'anesthésie ou
d'hyperesthésie sont à peine accusés, chez les autres ils sont poussés à l'extrême. Tel malade ne
sent plus le sol sous ses pieds ; tel autre ne peut pas
supporter le poids de son drap de lit ; tel encore
ne peut enfiler la manche de son vêtement sans
qu'il lui semble qu'on lui arrache la peau du bras.
En résumé autant de malades et presque autant de
formes différentes de la maladie.

De ce que tous ces symptômes sont subjectifs et

par conséquent malaisés à vérifier directement, il ne faudrait cependant pas en déduire que le médecin expert est entièrement à la merci du malade et obligé d'accepter les yeux fermés tout ce qu'il nous conte.

Tout état maladif, quelles que soient d'ailleurs les formes variables de l'affection, constitue un ensemble dont les parties doivent se soutenir entre elles, et c'est déjà quelque chose de rassurant que de ne pas rencontrer d'énonciations contradictoires dans la description qui nous est faite.

Nous avons également le droit de comparer ce qu'on nous expose avec ce qu'on nous a exposé antérieurement et par conséquent de nous défier quand nous ne trouvons pas dans le tableau qu'on nous présente certains traits qui doivent se retrouver dans tous.

La précision et la multiplicité des détails dans la bouche de l'intéressé nous est encore un moyen de contrôler sa véracité. Il est des détails qui ne s'inventent pas et des souffrances qu'on ne peut décrire qu'à la condition de les avoir endurées.

Enfin nous savons bien que la neurasthénie est, tout comme une autre, une maladie qui a ses causes, ses prodromes, son évolution, et rien n'est

plus capable de rassurer notre conscience que d'entendre un malade nous faire l'histoire de son mal
et nous en décrire les progrès.

Ceci dit, nous allons laisser la parole aux faits.

Nous avons noté plus haut que 26 de nos délinquantes étaient des neurasthéniques, la plupart
dans un état grave. Presque toutes avaient depuis
longtemps dépassé la jeunesse et mené une existence de valétudinaire. Quoiqu'elles présentassent
à des degrés divers les symptômes les plus mar-
quants de l'asthénie neuro-musculaire, c'était le
moral qui était surtout frappé. Rien n'égalait leur
abattement et leur absence de volonté. Nous ajou-
terons que les six cas que nous rapportons ici appartiennent à la classe aisée et même à la classe
riche. Quatre d'entre eux sont en quelque sorte
des cas types et très communs parmi nos malades ;
les deux autres sont plus rares. L'un de ceux-ci est
un cas où l'asthénie morale domine tellement la
scène qu'elle voile pour ainsi dire l'asthénie physique ; dans l'autre, les symptômes de l'hystérie
s'associent étroitement à ceux de la neurasthénie.

Commençons par nos cas types :

OBSERVATION VIII

Mme R. O..., qui occupe une situation dans le monde riche, est inculpée de vol dans un grand magasin. Elle reconnaît sans difficulté avoir emporté des magasins du Printemps sans les avoir payés un certain nombre d'articles ; mais elle affirme que c'était sans aucune intention de les *voler*. Elle était venue au magasin pour y acheter des objets d'étrennes, mais se trouvant tout à coup à court d'argent et ne pouvant obtenir que les articles non payés lui fussent, dans ces conditions, expédiés immédiatement, elle avait pris sans hésitation le parti de les emporter elle-même. Elle aurait payé le lendemain.

En entendant parler ainsi une Parisienne qui a l'habitude des grands magasins, et qui en connaît à fond les usages, on ne peut faire à son endroit que deux suppositions : ou bien c'est une femme qui se joue de notre crédulité, ou bien c'est une malade dont les facultés sont troublées. En ce qui concerne Mme R. O..., la seconde supposition est certainement la seule vraie.

Son aspect seul en dit aussi long que son histoire. La souffrance est peinte sur ses traits. Elle se traîne difficilement ; elle n'articule qu'avec peine, elle s'arrête à tout moment, cherchant sa pensée et ses mots. Elle a le regard fixe des personnes obsédées dont rien n'arrive à captiver l'attention et qui sont

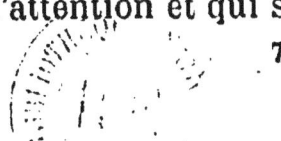

tout entières à leurs préoccupations intimes. Nous avons eu toutes les peines du monde à lui arracher quelques réponses, et si nous n'avions eu qu'elle pour nous conter son histoire nous n'en connaîtrions pas encore le premier mot.

Son existence n'est, on peut le dire, qu'une longue maladie. Dans son enfance, elle est sujette à des crises cardiaques et à des accès de somnambulisme ; à huit ans elle fait une fièvre typhoïde ; à dix-huit, à la suite de profonds chagrins, elle tombe dans un état de langueur qui dure des mois et elle en sort à peine qu'un accident de voiture détermine une rechute tellement grave qu'à plusieurs reprises on désespère de la sauver. Au moment où on la croit hors d'affaire, elle est atteinte de paralysie et garde le lit pendant sept mois. La convalescence dure deux ans. En 1887, elle est prise de fièvres paludéennes ; en 1890, elle a la rougeole, s'en remet difficilement et donne des signes inquiétants d'exaltation religieuse ; en 1891, elle crache le sang et passe pour phtisique ; en 1893, elle est atteinte d'une affection de la matrice, à la suite d'une chute ; en 1894, elle est reprise de fièvres et ne s'en débarrasse que par un traitement qui l'épuise.

C'est en 1892 que Mme R. O... s'est mariée. En trois ans, elle a été deux fois mère, et l'on peut s'imaginer aisément ce que deux grossesses et deux allaitements aussi rapprochés ont dû affaiblir une femme déjà si terriblement éprouvée. Elle présente aujourd'hui tous les signes d'une neurasthénie grave. Elle dort à peine et son sommeil est troublé par des cauchemars terrifiants. Elle souffre .

constamment de la tête et plus spécialement des régions temporales. Toutes ses fonctions sont plus ou moins altérées. L'appétit est nul, la circulation précipitée, les articulations douloureuses. Elle a des bouffées congestives vers la tête, qui se traduisent par des vertiges ; elle se plaint de ne voir les objets qu'à travers un brouillard et le moindre bruit lui est pénible.

Les facultés mentales et morales ne sont pas moins amoindries ou faussées. Sa mémoire est plus qu'incertaine, aussi bien pour les faits récents que pour les faits passés. Elle a autant de mal à se rappeler un événement de sa jeunesse qu'à se souvenir de ce qu'elle a promis et de ce qu'elle doit faire. Elle est devenue d'une impressionnabilité extraordinaire: une inflexion de voix dénotant du mécontentement chez les autres — que ce soient ses parents ou ses domestiques — la jette dans une angoisse inexprimable. Elle a perdu toute force de caractère et se sent incapable de prendre une décision ou d'exécuter une décision prise. Si elle doit sortir à 2 heures, elle n'est prête qu'à 7, et une fois dehors elle ne sait plus où elle doit aller. Elle n'a pas plus de résistance contre les autres que contre elle-même. Une enfant de trois ans fait d'elle ce qu'elle veut, et elle déplore sa propre faiblesse en présence des tentations.

OBSERVATION IX

Mme G... qui est inculpée de vol au Bon Marché est une jeune femme de constitution chétive, qui,

cependant, n'avait pas jusqu'au mariage inspiré
de craintes sérieuses sur sa santé. Avec le mariage
et la naissance d'un enfant qu'elle voulut allaiter
elle-même apparurent les premiers accidents graves dont elle se soit ressentie. Cet allaitement la
fatigua à l'extrême et bientôt, avec l'anémie qui en
fut la conséquence, elle présenta d'inquiétants
symptômes du côté du système nerveux : elle eut
des vertiges, des syncopes et fut en proie à des terreurs immotivées de jour comme de nuit. Cette
première crise toutefois ne fut pas de longue durée
et passa avec un traitement approprié. Mais cinq
ans après, la naissance d'un second enfant pro-
voqua de nouveaux accidents, et ceux-là beaucoup
plus graves et tenaces que les précédents. L'accou-
chée contracta une fièvre puerpérale qui, presque
immédiatement, se compliqua de troubles cérébraux. Elle fut pendant trois semaines atteinte
d'un délire intense qui fit craindre pour sa raison et
la laissa tout au moins très affaiblie au point de vue
mental. Elle s'en relevait à peine quand se déclara
une affection abdominale qui la tint pendant six
mois entre la vie et la mort. Ce ne fut qu'à
force de stupéfiants, de morphine et d'éther, qu'on
parvint, durant ce temps, à calmer ses douleurs et
apaiser son irritation.

Au sortir de cette longue et terrible maladie
M^{mo} G... n'était plus la même, non seulement au
point de vue physique, mais aussi au point de vue
mental et moral. Elle avait — comme cela se rencontre dans les affections prolongées qui intéres-
sent tout l'organisme, et spécialement le cerveau

— oublié quantité de choses et jusqu'aux notions les plus élémentaires de l'orthographe, de la géographie et de l'histoire. C'était une éducation à refaire. En même temps son caractère était devenu affreusement triste. Elle était obsédée sans cesse par l'idée que chaque jour écoulé la rapprochait, elle et les siens, de l'heure de la mort. La musique et le son des cloches d'église avaient sur elle une action déprimante extraordinaire. Elle était incapable de se livrer à aucune conversation, à aucune lecture, tellement tout effort d'attention la fatiguait. En même temps, elle ressentait dans la tête une douleur continue et des élancements qu'elle n'arrivait à apaiser qu'avec la morphine.

Plusieurs années se passèrent dans cet état d'anéantissement physique et moral. Elle en sortait à peine et commençait seulement à reprendre vie quand, il y a un an, son père mourut subitement. Cette perte imprévue la frappa au dernier point. Aussitôt tous les symptômes d'un épuisement profond reparurent et, pendant plusieurs mois, il fallut, pour rétablir le calme chez la malade surexcitée, user et abuser de la morphine, en même temps que pour soutenir ses forces et combattre une tuberculose menaçante on multipliait les injections de sérum et de cacodylate de soude.

Depuis lors, l'état de Mme G...., quoique moins inquiétant à certains égards, est resté plus que précaire. Elle présente tous les signes d'une neurasthénie aiguë, tels que lassitude générale, dégoût de toute nourriture, fatigue cérébrale invincible, sommeil plus que rare et troublé par des cauche-

mars, syncopes fréquentes, sensations d'étouffement accompagné d'afflux de sang à la tête et à la
poitrine, transpiration abondante, vomissements
incoercibles, etc. Et avec cela un état mental qui
touche par plus d'un point à la folie. Elle est, jour
et nuit, sous le coup de terreurs imaginaires qu'elle
ne peut même pas préciser : elle se croit exposée à
quelque danger sans savoir ni en quoi il consiste
ni d'où il vient. Elle vit, la nuit surtout, dans une
sorte d'hallucination continue ; tous les objets
prennent pour elle la ressemblance de son père, et,
depuis une certaine affaire d'un homme coupé en
morceaux dont les journaux illustrés ont répandu
l'image, il lui semble qu'elle revoit son père dans la
victime. En même temps que sa mélancolie s'accuse
davantage, son caractère, autrefois très doux,
devient irascible et violent et la pousse parfois à
des actes qu'elle est la première à regretter. Des
idées fixes l'obsèdent et parmi ces idées il y en a
souvent d'absurdes et d'étranges qui se transfor-
ment en impulsions auxquelles elle est incapable
d'opposer aucune résistance. Femme bien élevée,
dont l'éducation a été excellente et la conduite
irréprochable, elle se sent prise de goûts bizarres,
et dont en d'autres temps, elle eût rougi. L'énergie
morale n'est pas chez elle moins atteinte que la
raison.

OBSERVATION X

Mme S..., qui n'a que soixante ans, bien qu'elle
en paraisse davantage, est une personne d'une

incontestable honorabilité. Elle appartient à une
excellente famille et est l'épouse d'un homme des
plus considérés dans sa profession. Elle jouit d'une
grande aisance et est en état de satisfaire non seulement tous ses besoins, mais encore tous ses caprices : ses vols seraient en vérité incompréhensibles
s'ils n'étaient pas le fait d'une malade.

Elle ne semble pas avoir d'antécédents domestiques, mais elle a des antécédents personnels très
sérieux. Nous relevons dans son passé une fièvre
typhoïde à quinze ans, une variole et une rougeole
à dix-huit. Cependant ce n'est qu'à quarante-cinq
ans que sa santé commence à déchoir. Elle a été
atteinte alors d'une maladie de foie qui pendant
plusieurs années a été la cause de douleurs atroces
et fréquentes. Les crises revenaient presque chaque
semaine ; elles étaient subites, surprenaient la malade en pleine rue aussi bien qu'au lit et exigeaient
l'emploi immédiat et à haute dose de la morphine.
Cet état critique a duré six ans. A partir de la cin-
quantaine, les accidents sont devenus plus rares et
moins douloureux, mais la malade, soulagée de ce
côté, se trouvait aux prises avec une affection nouvelle, qui n'était en réalité que la conséquence de
la première. Épuisée au physique comme au moral
par des souffrances qui avaient trop duré, Mme S...
était devenue *neurasthénique.*

Depuis cinq ans, les symptômes de la maladie
de Beard se sont chez elle de plus en plus caracté-
térisés. Elle est en proie à des céphalées intenses et
à peu près continuelles,avec localisation à la nuque
et irradiation vers les tempes ; elle a de la rachialgie

avec exaspération douloureuse au niveau des apo-
physes épineuses de la région cervico-dorsale ; elle
est privée de sommeil et quand, par hasard, elle
dort, son sommeil est troublé par des cauchemars
dans lesquels elle se voit écrasée, ou jetée dans des
précipices ou poursuivie par des assassins. Elle a
perdu l'appétit. Toutes ses sensations sont altérées :
l'odorat, le goût, l'audition, la vue sont amoindris
et se refusent à tout effort. Le moindre bruit
l'énerve ; la plus courte lecture la fatigue.

Mais c'est surtout dans son état mental et moral
qu'elle présente les symptômes les plus nets et les
plus inquiétants de la maladie. Depuis plusieurs
années sa mémoire diminue : les noms propres, les
dates lui échappent ; elle ne se souvient qu'avec
peine d'images qui lui étaient familières ; souvent
même elle ne trouve plus sans difficultés les mots
dont elle a besoin pour exprimer sa pensée, elle ne
comprend plus ce qu'elle dit : « Je deviens *sotte* »
était depuis quelque temps, une expression qui
revenait sans cesse sur ses lèvres. Avec cela, une
tristesse croissante et sans cause, des idées noires
et des tendances au suicide. Elle sortait de chez
elle et se promenait au hasard dans la rue, ou on
la retrouvait gisant dans quelque coin et pleurant
à chaudes larmes. Dans son désespoir elle voulut
un jour se jeter sous un tramway. D'ordinaire elle
est inerte, n'ayant de goût à rien, incapable de
s'occuper, éprouvant pour tout effort moral ou
physique une répug·ance insurmontable. Écrire
une lettre est au-des·us de ses forces. Et comme
tous les malades de cette sorte, elle a des moments

d'emportement et de violence dont on ne l'aurait pas cru capable. A la moindre contrariété, elle sort de son inertie pour accabler de reproches son mari, ses enfants et ses serviteurs ; après quoi, elle retombe dans son accablement en demandant pardon de ses fureurs.

Observation XI

Mlle H... raconte que le début des accidents dont elle souffre remonte à quinze ans. A la suite d'un profond chagrin (sa mère avait refusé de donner son consentement à un mariage projeté), sa santé, médiocre d'ailleurs jusque-là, se trouva profondément altérée. Ses règles — elle était en pleine époque cataméniale — s'arrêtèrent brusquement et demeurèrent suspendues pendant plusieurs mois : une éruption eczémateuse se déclara ; des douleurs de tête apparurent qui prirent un caractère intermittent et devinrent l'accompagnement obligé de chaque indisposition mensuelle.

Depuis quatre ans — date d'un nouveau chagrin domestique — ces accidents céphaliques, qui sont la grande préoccupation, le grand tourment de sa vie, reviennent dans les intervalles même des époques avec une fréquence et une intensité croissantes. Ces douleurs la prennent subitement, débutant à la nuque et vont s'irradiant vers les tempes. Extrêmement pénibles tout d'abord, elles tiennent la malade dans un tel état de dépression qu'elle

ne peut plus que s'absorber dans son mal et rester
étrangère à tout ce qui l'entoure. Elle est alors incapable de réunir ses idées et de se livrer au plus
insignifiant travail, à plus forte raison de lire ou
d'écrire. Au plus fort du mal, elle a des moments
d'absence et ne sait plus toujours ni ce qu'elle dit,
ni ce qu'elle fait. Ces crises — car ce sont là de
véritables crises — durent d'ordinaire plusieurs
jours et vont s'atténuant d'une façon insensible
jusqu'à complète disparition des accidents.

Bien que nous n'ayons pas eu l'occasion d'être
le témoin des souffrances et des troubles que nous
décrit Mlle H..., nous ne mettons pas un instant en
doute leur réalité. D'abord rien n'est plus vrai que
la peinture qu'elle en fait : ce qu'elle éprouve quantité de femmes l'ont éprouvé avant elle et l'ont
décrit comme elle. Et puis il y a des raisons pour
qu'elle souffre ainsi.

Mlle H... est en effet une de ces prédisposées chez
qui le moindre choc moral suffit pour déterminer
des accidents nerveux graves. Elle n'est pas sans
antécédents héréditaires : sa mère est morte de con-
gestion cérébrale et son père est un homme nerveux, sujet aux emportements et aux violences.
Elle-même a été dès le plus jeune âge une impressionnable, une émotive, dont la susceptibilité nerveuse a été aggravée par la fièvre typhoïde qu'elle
a contractée vers l'âge de dix ans. Enfin sa formation a été précoce (douze ans) et ne s'est pas faite
sans difficulté. Rien ne doit donc nous surprendre
moins que l'état névropathique dans lequel elle est
tombée à vingt-cinq ans, à la suite de l'ébranle-

ment moral que lui a causé la rupture d'un mariage dont elle caressait le projet.

C'est depuis lors une malade, une valétudinaire, tant au physique qu'au moral. Nous avons vu ce qu'étaient ses crises céphaliques, mais celles-ci ne constituent qu'un phénomène dominant dans son état maladif. Hors ces crises, elle souffre toujours en quelque point de son organisme ; si ce n'est du rachis, c'est de l'estomac ; si ce n'est de l'estomac, c'est des membres. Avec cela une anorexie habituelle qu'aucun remède, qu'aucun régime n'a pu vaincre, et enfin des insomnies opiniâtres. Si par hasard elle dort, c'est d'un sommeil agité, troublé par des visions bizarres et des sensations extrêmement pénibles ; elle s'imagine qu'elle tombe dans des précipices, ou qu'elle fait d'incroyables efforts pour franchir quelque obstacle insurmontable. Elle a considérablement maigri depuis quelques années.

Telle est la femme qui, en juin dernier, soustrayait dans les magasins du Louvre 26 francs d'objets divers : coupe de soie, coupon de dentelle, paire de gants, etc.

Mlle H... déclare qu'elle est venue à Paris au commencement de juin dernier pour consulter sur sa santé le Dr N..., auquel elle s'était déjà adressée à plusieurs reprises. A ce moment, assure-t-elle, elle souffrait si atrocement de ses douleurs de tête qu'il lui semblait ,suivant son expression, que ses idées allaient sombrer. Pendant une dizaine de jours, elle ne bouge pas de son hôtel, incapable qu'elle est de mettre un pied devant l'autre, et elle

mange à peine (un œuf et un tapioca par jour).
Mais, à ce régime, elle s'affaiblit de plus en plus et
sur le conseil de son médecin, elle fait effort pour
sortir un peu. Sa première sortie n'est pas heu·
reuse : elle se trouve mal en pleine rue et se voit
obligée d'entrer chez un pharmacien. Quelques
jours se passent. Elle voit alors venir le moment où
elle devra regagner Clermont, où son père la réclame, et elle veut à tout prix faire avant de partir
quelques emplettes urgentes. Le 17 juin, elle va
donc au Louvre où tout d'abord elle choisit et paye
divers objets, mais elle s'attarde dans le magasin et
bientôt « la tête lui tourne ». Elle songe alors à
partir. Dans cette dernière traversée du magasin
elle ne sait plus ce qu'elle fait et prend la ruche et
la coupe de soie qu'on a retrouvées chez elle.

La prévenue affirme que c'est seulement quand
elle s'est retrouvée dehors, au grand air, qu'elle a
repris ses sens et s'est aperçue de ce qu'elle venait
de faire. Son premier mouvement, dit-elle, aurait
été d'aller restituer de suite les objets volés, mais
elle n'a pas osé.

Comment se fait-il que quatre jours après, le 21,
elle soit, après pareille aventure, retournée au
grand magasin ? Elle-même reconnaît ce qu'il y
a eu d'imprudent de sa part dans cette seconde
visite : ayant constaté à quels actes graves pouvait
l'entraîner son état de faiblesse tout autant physi·
que que moral, elle aurait certainement dû s'abstenir. Mais ses achats n'étaient pas terminés et le
jour du départ approchait. Elle se sentait d'ailleurs
avertie et mise en garde par ce qui lui était arrivé

quatre jours avant. Et puis elle croyait être devenue
un peu plus forte et elle se disait qu'en se rendant
au magasin de bonne heure, avant la grande foule,
elle serait sans doute moins exposée à perdre
comme l'autre fois la notion des choses. Elle alla
donc au Louvre vers les dix heures du matin et y
fit ses achats, mais cette fois encore elle sentit sa
tête « s'en aller » et quand elle se décida à partir il
était déjà trop tard. Elle n'eut plus la force de résister aux sollicitations qui l'assaillaient : « J'étais à ce
moment, dit-elle, en proie à une espèce de cauchemar. Mon cerveau travaillait en quelque sorte à
vide; mes idées y tourbillonnaient sans qu'il me fût
possible de les coordonner. J'avais perdu le sentiment de la réalité ; je ne savais plus où j'étais ;
j'éprouvais une angoisse extraordinaire et la sueur
me coulait sur tout le corps... »

Dans l'observation qui suit, la malade appartient
bien, comme dans les précédentes, à la catégorie
des neurasthéniques ; mais chez elle la neurasthénie est surtout morale, et c'est ce qui en fait le
principal intérêt.

OBSERVATION XII

Mme T... est la femme d'un homme qui occupe
en province une situation considérable. Au moment où elle se présente à nous, elle semble rele-

ver de quelque maladie grave tant elle est pâle,
décharnée et abattue. Cependant rien dans sa conversation n'accuse actuellement un désordre intellectuel quelconque. Elle laisse volontiers son mari
parler pour elle, mais quand on la presse de répondre elle-même, elle le fait, non sans effort peut-
être, mais avec une grande lucidité et une grande
précision. Il est certain qu'elle est aujourd'hui en
possession de ses facultés. L'était-elle au moment
où elle a volé ?

Mme T..., qui a quelques névropathes dans sa
famille, est elle-même une nerveuse. C'est une
femme impressionnable, irritable, s'emportant
pour des motifs futiles, peu capable de se contenir, mais qui, jusqu'à une époque récente, n'était
pas encore à proprement parler une malade.
Jamais de crises convulsives et encore moins de
troubles mentaux. Il a fallu, en ces derniers mois,
une véritable catastrophe domestique pour troubler cet équilibre cérébral, non parfait à coup sûr,
mais suffisant. Le 17 mars dernier, Mme T... perdait, après trois mois de maladie, un fils de seize
ans, atteint de phtisie galopante. Prévenue dès
les premiers jours par son médecin de la gravité
de l'affection, elle eut la force de cacher jusqu'au
bout ses appréhensions et de ne présenter jamais
qu'un visage serein à son mari et à son enfant.
Pendant trois mois, elle demeura jour et nuit au
chevet de son fils, se refusant à tout repos et prenant à peine quelque nourriture, en sorte que, lorsque la catastrophe arriva, elle avait épuisé tout ce
qu'elle avait de force physique et de force morale.

De cette épreuve, elle sortit malade physiquement et moralement, la fièvre s'était emparée d'elle, elle avait des sueurs profuses, ne voulait rien voir et rien entendre et ne demandait qu'une chose, c'est qu'on la laissât seule avec ses images funè- bres et sa douleur. Elle était hantée d'idées de sui- cide.

C'est alors que son mari, voulant à tout prix l'arracher à ses idées, imagina de l'amener à Paris. Elle ne céda pas sans résistance. Paris avec son bruit et son mouvement endiablé l'effrayait. Elle raconte qu'à peine arrivée elle se sentit comme affolée par le va-et-vient et le tapage des rues. Elle éprouvait un sentiment de vide dans la tête au point de ne pas comprendre par moments ce que son mari lui disait. Elle accusait des vertiges, marchait au hasard, allait devant elle à l'aveugle, au risque de se faire écraser. Son accablement primitif avait disparu et faisait place à un état de surexcitation maladive. Elle ne dormait ni ne mangeait.

C'est dans ces conditions que, quelques jours après son arrivée, bien qu'accompagnée de son mari, elle a volé dans plusieurs magasins. Partout, c'est après avoir acheté certains objets dont elle avait besoin, ou pendant qu'elle les faisait acheter par son mari, qu'elle en a soustrait d'autres. Que s'est-il à ce moment passé dans sa tête ? Elle le dit, et ce qu'elle raconte alors n'a rien que de vrai- semblable, car plus d'une autre a fait ce même récit avant elle. Une fois plongée dans l'atmos- phère capiteuse du grand magasin, au milieu du bruit, du mouvement, des allants et venants, elle se sentait peu à peu envahir par un trouble qui ne peut se comparer qu'à l'ivresse, avec l'étourdissement et l'excitation qui lui sont propres. Elle voyait les choses comme à travers un nuage. Tout objet provoquait son désir et prenait pour elle un attrait extraordinaire; elle se sentait entraînée vers lui et s'en emparait sans qu'aucune considération étrangère et supérieure intervînt pour la contenir. Elle prenait d'ailleurs au hasard, aussi bien des objets inutiles et sans valeur que des objets d'usage et de prix : « C'était, dit-elle, comme une monomanie de la possession. » Et cette folie, cette surexcitation dura jusqu'au moment où prise en flagrant délit elle fut conduite au commissariat de police. Là elle reprit ses sens et fut tout à fait dégrisée.

Dans une dernière observation nous relatons un cas curieux à plus d'un titre. La femme qui en est l'objet appartient à une famille des plus honorables et occupe une position plus qu'aisée. Elle a dans une vie déjà longue, fait preuve en maintes circonstances de l'énergie la plus rare. Mariée à un spéculateur, elle a éprouvé toutes les vicissitudes de la fortune et connu tour à tour le plus grand luxe et la plus noire misère ; mais aux moments les plus durs elle n'a jamais connu le découragement, et aux heures où son mari vaincu n'était plus en état de subvenir aux besoins du ménage, c'est elle qui par son travail y pourvoyait. Il a fallu qu'elle arrivât à la soixantaine et à une situation sûre pour que l'idée de voler dans un grand magasin s'emparât d'elle. Ajoutons que chez elle la neurasthénique est doublée d'une hystérique. Le cas n'est pas rare. Il nous servira de transition entre les neurasthéniques et les hystériques.

Observation XIII

Mme D... est accusée de vol dans les magasins du Louvre. Elle reconnaît sans difficulté l'exactitude des faits, mais déclare qu'elle est incapable de les expliquer. « Elle avait perdu la tête, elle était folle; elle se demande aujourd'hui encore ce qui a pu se passer en elle. »

Mme D... a volé, en plusieurs fois : seize coupons de soie, quatre coupons de dentelle et dix-huit pièces de ruban. Si elle était couturière ou modiste et trouvait dans ces vols un profit direct, si seulement elle était coquette, et avait l'occasion de faire servir à son usage personnel tous ces morceaux de soie et toutes ces pièces de ruban, nous n'aurions probablement pas à chercher dans un motif pathologique le pourquoi de tant de soustractions délictueuses. Mais il n'en est rien, Mme D... n'exerce aucune profession ; elle est âgée

8

de cinquante-huit ans et en paraît davantage ; elle
n'a pas l'ombre de coquetterie, ne quitte pas le
deuil, ne reçoit jamais ; et les objets qu'elle a volés
ont été retrouvés chez elle, méthodiquement ran-
gés au fond d'une armoire, munis de l'étiquette du
magasin et tels qu'ils avaient été pris. Non seulement elle n'en faisait aucun usage, mais elle
n'osait même pas les contempler. Quand elle
ouvrait l'armoire où ils se trouvaient elle en avait
le frisson : « J'étais prise de terreur, dit-elle, il me
semblait que quelque agent de police allait en sortir pour m'arrêter ». Et cependant elle continuait
à voler.

Tout cela, on en conviendra, n'est pas le propre
d'une personne en possession de toutes ses facultés.

Et en effet, ce que nous apprenons de la prévenue, soit par ses propres confidences, soit par les
renseignements des personnes les mieux placées
pour la juger, nous la représente comme une
femme profondément atteinte depuis deux ans au
moins dans son équilibre et sa santé cérébrale.

Le médecin qui lui donne des soins constatait
chez elle dès cette époque des troubles intenses du
côté de la nutrition et de l'innervation. En moins
d'une année elle avait maigri de *quarante-huit
livres ;* elle avait totalement perdu le sommeil ;
elle était en proie à des crises angoissantes durant
lesquelles elle se sentait prise à la gorge et comme
étouffée, avec des palpitations de cœur violentes,
des envies de rire ou de pleurer sans motif. Elle
était d'une impressionnabilité excessive et en était
venue à ne plus supporter le moindre bruit.

Tous les traitements successivement essayés pour combattre un état si inquiétant ayant échoué, la situation de Mme D... s'est aggravée au point qu'elle est aujourd'hui à bout de force. C'est maintenant une femme surmenée, usée par la souffrance, et usée plus encore au point de vue moral qu'au point de vue physique. Elle qui, au témoignage de ses amis, a montré en maintes circonstances de sa vie un courage et une ténacité admirables, n'a plus l'ombre d'énergie et de volonté. C'est une enfant qui ne sait plus résister à un désir et qui suit toutes ses impulsions. Il faut savoir d'ailleurs que l'affection nerveuse dont souffre actuellement la prévenue, et dont elle a si peu de chance de guérir, est loin de l'avoir prise au dépourvu ; ce n'est, en réalité, qu'une crise survenant après bien d'autres vers la fin d'une existence démesurément éprouvée par la maladie et par les chagrins.

Fille d'un père remarquable à beaucoup d'égards, mais qui a laissé la réputation d'un homme exalté, remuant, fantasque, Mme D... n'a jamais été elle-même une femme très pondérée ; elle a toujours passé pour nerveuse, émotive, apte à subir d'une façon exagérée toutes les impressions du dehors. Et les hasards de la vie n'ont fait qu'aggraver ces dispositions maladives. A trois ans, c'est une chute sur la tête ; à quatre ans, c'est une fièvre typhoïde ; à vingt-cinq ans, peu après son mariage, elle traverse une crise nerveuse des plus graves d'où elle sort frappée d'amblyopie passagère ; à trente-quatre ans, ses règles s'ar-

rêtent ; à toutes les époques, elle souffre des accidents variés propres à la névropathe et à l'hystérique. Tout cela avec la vie morale, la vie domestique la plus agitée. Bien que la malade soit sur
ce point d'une discrétion exagérée, il n'est pas difficile de deviner à ses demi-confidences, que ce dont
elle a souffert dans sa vie, ce n'est point tant de ses
tourments physiques que de ses tourments moraux. Les grands revers de fortune qu'elle a subis
à une certaine époque ne sont, en vérité, que la
moindre des épreuves douloureuses qu'elle a eu à
traverser.

Souffrances physiques d'un côté, souffrances
morales de l'autre : on conçoit qu'à la longue tout
cela ait profondément touché un être dont l'équilibre, par vice héréditaire, était déjà si instable.
Rien n'est plus admissible que l'effondrement cérébral précoce d'une femme dont l'existence a été
aussi violemment secouée.

Au point de vue mental proprement dit, Mme D...
n'est évidemment encore qu'une affaiblie, on aurait tort de chercher en elle une démente. Elle sait
ce qu'elle fait et a conscience de ses actes. Mais
cette conscience, aujourd'hui, consiste à se voir
agir bien plus qu'à diriger ses actions. Comme
tant d'autres dont l'énergie morale s'est usée dans
la lutte, elle ne sait plus résister, et elle assiste,
épouvantée, à sa propre défaite. Ce n'est pas l'intelligence, c'est le caractère, c'est la volonté qui
sont ruinés chez elle, et c'est pour cela que tout intelligente qu'elle soit encore, elle s'abandonne si
aisément à la première impulsion tant soit peu vive

qui s'empare d'elle. Quand elle parle de ce qui lui est arrivé au Louvre, qué dit-elle ? « Il me semblait que quelqu'un me poussait. Je sentais que c'était fou, absurde, et je ne pouvais m'empêcher de prendre. »

Pourquoi, se sentant impuissante à résister, est-elle retournée dans le grand magasin ? Elle n'en sait rien. Elle assure que depuis sa première aventure, elle était comme grisée, ne savait plus ce qu'elle faisait, s'agitait dans le vide, vivait dans une sorte de terreur. L'idée du Louvre la hantait. Elle était comme attirée, comme fascinée par le grand magasin. C'était du vertige.

IX

Après les neurasthéniques, les hystériques. Cette catégorie-là, avons-nous dit, est de beaucoup la plus nombreuse. Étant donné le développement qu'a pris la maladie dans les grandes villes, le fait n'a rien de surprenant.

On se trouve avec l'hystérie en présence d'une affection plus aisée à constater que la neurasthénie, où tant de symptômes sont subjectifs. Si on n'a pas toujours l'occasion d'assister aux crises convulsives, on a du moins la possibilité de cons-

tater chez ces malades des stigmates qui ne sauraient être simulés que par des personnes très
instruites dans la matière et particulièrement éner-
giques — deux conditions qui ne se rencontrent
pas tous les jours. Nous sommes donc là sur un
terrain plus solide, et quelque opinion qu'on se fasse
de la responsabilité de l'hystérique, question que
nous débattrons plus tard, au moins est-on certain
de ne pas se tromper et d'être bien en présence
d'une malade.

L'hystérie est une affection assez commune pour
que nous n'ayons pas à en donner une description.
Contentons-nous de rappeler que l'hystérique présente au point de vue physique deux sortes de
symptômes, les uns intermittents ou paroxystiques, les autres permanents. Les symptômes intermittents ou paroxystiques consistent en des crises
convulsives, très variables d'ailleurs dans leur
intensité comme dans leurs formes. Quant aux
symptômes permanents, ils touchent à la fois la
sensibilité et la motilité. La sensibilité peut être
modifiée en plus ou en moins : tantôt ce sont des
anesthésies générales ou partielles, plus ou moins
profondes, atteignant la surface cutanée ou les mu-
queuses, tantôt ce sont des hyperesthésies d'ordi-

naire localisées à un membre, à un segment de
membre, à une articulation, à une région (sommet
du crâne, colonne vertébrale, épigastre, région
ovarienne, etc.). Les diverses sensations spéciales :
vision, ouïe, goût, odorat, peuvent être également
touchées, mais la plus souvent altérée est la vision.
Les troubles de la motilité, non moins variés, sont
fréquemment en rapport avec ceux de la sensibilité : la malade ne peut mouvoir son membre anes-
thésié sans le secours de la vue ; elle est sujette à
des contractures que détermine la plus légère excitation ; elle éprouve en certains cas de la difficulté
à se mouvoir, etc.

A ces symptômes sensitivo-moteurs se joignent
des troubles psychiques qui suffiraient à faire
classer la maladie parmi les maladies cérébrales
si les troubles de la sensibilité et de la motilité
pouvaient ne pas être d'origine centrale. Tous les
hommes compétents conviennent aujourd'hui que
l'hystérie est une maladie cérébrale dont les manifestations sont avant tout psychiques. De là ce
qu'on a dénommé depuis longtemps — et non sans
raison — l'état mental des hystériques dont les
principaux signes sont la suggestibilité, l'émotivité, l'impulsivité, la difficulté d'attention, la mo-

bilité des idées alternant avec leur fixité. Tout le monde est à des degrés divers suggestible, émotif, impulsif, etc., mais ce qui distingue l'hystérique, c'est qu'elle est tout cela à un degré peu ordinaire et quelquefois à un degré prodigieux. Dans les cas légers on ne rencontre guère chez l'hystérique que des troubles sensitivo-moteurs, mais, dès que la maladie s'accuse davantage, on voit s'ajouter à ces désordres psychiques des anomalies qui peuvent aller jusqu'à la folie.

Ce qui frappera dans les observations qui vont suivre c'est que tous nos malades présentent, à côté des désordres ordinaires de la sensibilité et de la motilité, des troubles psychiques non douteux. Chez certaines, il y a au moins une insuffisance intellectuelle caractérisée ; chez d'autres, et c'est le plus grand nombre, des obsessions et des impulsions morbides ; chez un petit nombre de véritables conceptions délirantes.

Il va de soi que chez nos hystériques, c'est surtout l'état mental qui nous importe, car si elles sont excusables quand elles volent, ce n'est point parce qu'elles ont des convulsions, c'est parce que leur état mental est défectueux ; et il faut bien reconnaître qu'ici, comme dans la neurasthénie, il est moins facile de constater le trouble de la raison que celui de la sensibilité et de la motilité. Mais d'abord nous rappellerons ce que nous avons dit plus haut, en parlant de la neurasthénie, au sujet des conditions qui permettent d'accorder confiance aux déclarations des intéressées; puis nous observerons que les symptômes psychiques de l'hystérie sont moins divers que ceux de la neurasthénie, ce qui donne moins de facilité à la simulation ; enfin, nous n'oublierons pas que nous avons au moins une garantie de véracité dans ce fait que les symptômes psychiques sont toujours accompagnés de symptômes physiques, qui, eux, sont accessibles à nos moyens d'investigation. Nous avons donc peu à redouter de l'hystérique.

Au groupe des hystériques, et pour ne pas multiplier les divisions, j'ai joint, en les réunissant dans une sorte de semi-groupe, les cas assez nombreux de délinquantes qui se trouvaient au moment du délit dans une de ces périodes critiques de la vie des femmes qui si souvent et si douloureusement réagissent sur leur état cérébral : époque menstruelle, grossesse, ménopause, etc. Là, comme dans les cas précédents, nous ne ferons que constater les faits, remettant à notre dernier chapitre le soin d'interpréter et de conclure.

Un dernier mot avant de présenter nos hystériques. J'avais d'abord songé à les faire figurer dans
un certain ordre et à montrer chacune d'elles sous
quelque aspect saillant de la maladie. Mais je n'ai
pas tardé à m'apercevoir combien pareille tenta-
tive était vaine. Si différentes que puissent être les
hystériques au point de vue mental, on retrouve
chez toutes, en fin de compte, un symptôme dominant, qui est l'obsession maladive avec sa conséquence naturelle, l'impulsion plus ou moins irrésistible. Tous autres caractères psychiques s'effa-
cent à côté de celui-là, et, dès lors, à moins de
classer les malades d'après les formes infiniment
variables de l'obsession — ce qui eût été une entreprise ridicule — il n'y avait qu'à s'abstenir. J'ex-
poserai donc sans aucun ordre préconçu les quelques cas qui m'ont paru les plus propres à montrer
la psychologie de la délinquante hystérique.

OBSERVATION XIV

Mme C... est une femme de trente-trois ans,
grande et forte, ne présentant physiquement d'autres particularités que ce teint pâle et un peu jaune
des personnes atteintes d'une maladie de foie.

Dans son jeune âge, elle a contracté presque toutes les maladies propres à l'enfance : rougeole, scarlatine, variole, etc., mais aucune ne l'a atteinte gravement. Elle n'a eu ni convulsions, ni fièvre typhoïde. Cependant, dès avant la puberté, elle se montrait nerveuse, impressionnable. Tout enfant, elle s'énervait pour peu de chose, ne pouvait rester en place, pleurait ou riait presque à volonté, le plus souvent sans motif, et parfois était prise de fous rires qu'elle se sentait incapable de réprimer. Cet état névropathique, Mme C... le tenait de l'hérédité. Le père mort d'une attaque d'angine de poitrine, la mère morte d'une maladie de cœur étaient de leur vivant d'une impressionnabilité excessive ; la mère tombait en syncope à la plus légère émotion.

Entre treize et quatorze ans, Mme C... est éprouvée par des accidents nouveaux. Elle se forme difficilement ; l'apparition des règles est accompagnée de douleurs atroces et d'une aggravation sensible dans son état. Elle se roule à terre, elle crie, elle est en proie à des crises nerveuses qui se rapprochent des véritables crises convulsives. En même temps, elle éprouve pour la première fois ce sentiment de constriction de la poitrine et du cou qui est un des symptômes caractéristiques de l'hystérie.

Depuis, tous ces symptômes se sont plutôt aggravés qu'amoindris. Mme C... a un besoin constant d'agitation et de déplacement, son sommeil même est agité, accompagné de soubresauts musculaires et de contractions spasmodiques ; elle est émotive à l'excès, d'humeur changeante, toujours prête à rire ou à pleurer, éprouvant, sous l'influence des plus légères émotions, la sensation d'une boule qui remonte vers la gorge, détail qu'elle me confie comme un secret, car elle n'a jamais voulu jusqu'ici — on se demande pourquoi — l'avouer à son mari et à son médecin. Il va sans dire que ces phénomènes maladifs s'accentuent sous certaines influences. Ils s'exaspèrent chaque mois au moment des règles, comme ils se sont exaspérés à trois reprises différentes pendant les trois grossesses de la malade, J'ajouterai, pour compléter le tableau, qu'elle est atteinte d'une affection du foie (lithiase biliaire) qui se traduit par des crises périodiques, plus ou moins intenses, et dont la réaction sur l'état mental et moral n'est nullement négligeable.

Si nous examinons Mᵐᵉ C... au point de vue mental, nous trouvons en elle une femme dont l'intelligence est certainement au-dessous de la moyenne. Elle a reçu l'instruction élémentaire, mais rien de plus. Elle met l'orthographe, elle sait faire une addition, une soustraction, même une division, mais elle n'a jamais pu résoudre un problème, si simple qu'il soit. Envoyée en Allemagne entre douze et quinze ans, elle y a appris l'allemand sans difficulté et elle le parlait couramment en revenant en France : elle n'en sait plus un mot aujourd'hui. Elle reconnaît elle-même que la mémoire lui fait totalement défaut. Cela tient en grande partie à ce que, comme beaucoup de malades de son espèce, elle est dépourvue d'attention. Elle ne peut fixer son esprit. Elle est même incapable d'aucune occupation sérieuse. Son mari, littérateur distingué, a voulu l'intéresser à ses propres travaux. Tout ce qu'il a pu obtenir d'elle est de lui faire faire quelques copies et elle s'en est si mal tirée qu'il a dû y renoncer.

Avant d'arriver aux faits reprochés à la prévenue, je dois entrer dans quelques détails au sujet de sa situation domestique.

Il n'existe dans le ménage C..., qu'une cause de trouble : c'est un enfant. Mme C.. a deux enfants, une fille et un garçon. La fillette, qui est l'aînée, et qui a aujourd'hui cinq ans et demi, est depuis sa naissance le grand, l'unique souci de sa mère. Cette enfant, venue au monde après une grossesse extrêmement pénible n'avait pas encore trois mois qu'elle était prise d'accidents très graves qui ne tardaient pas à faire soupçonner aux médecins le début d'une méningite tuberculeuse. Grâce aux soins qui lui ont été immédiatement prodigués, l'enfant a vécu et a dépassé aujourd'hui sa cinquième année ; mais son état n'en reste pas moins très précaire et nécessite une surveillance de tous les instants. Du jour où sa fille est tombée malade Mme C..., mettant de côté tout autre souci, n'a plus vécu que pour elle. Elle s'est faite son esclave, jour et nuit elle lui appartient. Elle s'est privée pour elle de toute distraction, de tout plaisir, et si elle sort parfois sans elle, c'est pour lui procurer un objet dont elle a besoin ou qu'elle désire.

Jusqu'ici rien d'extraordinaire. Beaucoup de mères font le sacrifice de leur personne à l'enfant qu'elles aiment. Mais il y a quelque chose de plus dans l'amour maternel de Mme C..., quelque chose d'exceptionnel et de maladif.

On sait à quel point la plupart des hystériques, s'abandonnent aux obsessions, mais en général leurs obsessions sont changeantes, chez Mme C... l'obsession est immuable et unique. L'idée de satis-faire sa fille et de prévenir jusqu'à ses moindres désirs est poussée au point qu'elle en compromet la santé, la vie de l'enfant. Le médecin secondé par le mari, a beau représenter à la mère que rien n'est plus dangereux qu'une telle complaisance envers toutes les fantaisies, tous les caprices de la petite malade, qu'il faudrait calmer et non surex-citer constamment, rien ne résiste aux déborde-ments de cet amour maternel, et tout ce qu'a gagné le médecin, c'est d'être considéré par la mère comme un ennemi.

Arrivons aux faits délictueux.

Sur les conseils du médecin, le mari, effrayé d'ailleurs des sommes dépensées par sa femme en futilités, s'est vu obligé d'interdire les achats quo-tidiens de jouets. Il trouvait qu'une quarantaine de poupées pourvues de tous leurs accessoires consti-tuaient pour l'enfant une distraction suffisante. Mais la mère ne l'entendait pas ainsi. Prenant pour de l'animosité la trop juste opposition faite à ses dé-sirs, elle n'imagina rien de mieux, pour en venir à ses fins, que de prendre ce qu'on ne lui permettait plus d'acheter en se disant que les objets une fois chez elle, son mari serait bien forcé de les payer.

Il ne semble pas qu'il y ait eu de sa part prémé-ditation. S'il faut l'en croire, ce serait au magasin du Printemps, dans les derniers jours de novem-bre, en présence d'un objet qui lui a paru susceptible de plaire à sa fille (un mouton), qu'elle a fait ce raisonnement ridicule auquel elle a immédiatement obéi. Quinze jours après, elle recommençait et en plusieurs fois emportait une soixantaine d'articles, tous jouets d'enfants, articles de poupées, ou étoffes pour robes de poupées, le tout d'une valeur totale de près de 300 francs. Rentrée sans encombre chez elle la première et la deuxième fois, elle cacha tout cela dans des armoires, attendant impatiemment la nuit de Noël pour accabler l'enfant de cadeaux et avertir le mari.

Mme C... reconnaît elle-même qu'elle savait très bien qu'elle volait ; mais, dans son esprit, ce vol était considérablement atténué, sinon complètement excusé par cette idée que son mari payerait inévitablement tôt ou tard les objets volés. C'était en quelque sorte un emprunt et non un vol. Et elle explique, avec une naïveté vraiment admirable, comment elle a dû à cette pensée réconfortante de pouvoir se livrer à ces soustractions délictueuses avec une parfaite tranquillité d'âme, en toute sécurité de conscience, sans aucune émotion — elle si émotive — et sans le moindre remords. Lors même que, prise sur le fait, elle est amenée devant le commissaire son attitude est si calme, si sereine qu'un témoin amené là par hasard ne peut s'empêcher de soupçonner quelque dérangement dans l'état mental de cette femme et se hâte d'en faire part au mari. Il a fallu tous les ennuis d'une poursuite judiciaire pour l'inquiéter et lui faire comprendre que les actes commis par elle n'étaient pas sans gravité. Aujourd'hui encore, sa conviction

n'est pas complètement faite à cet égard, et en tous
cas elle hésite à croire qu'elle n'est pas très excusable d'avoir agi comme elle l'a fait.

Mᵐᵉ C... pourrait assez exactement être peinte
d'un seul mot : c'est une enfant, mais cette enfant
de trente-trois ans est atteinte d'hystérie, avec toutes les défectuosités cérébrales que comporte une
telle affection.

OBSERVATION XV

Mᵐᵉ G... présente plusieurs des symptômes les
plus caractérisés de l'affection hystérique, et l'un
des plus graves : le vomissement. Dès son enfance
elle a été sujette à ces vomissements nerveux qui,
en se répétant, épuisent si profondément les malades. Cela lui arrive par crises. Pendant des semaines, elle ne peut faire un mouvement sans que l'eau
lui vienne à la bouche et elle est surprise aussitôt
de vomissements incoercibles ; il lui semble que
son corps est plein d'eau et elle perçoit comme une
sensation de clapotement. Ces crises ont duré
d'abord jusqu'à l'âge de vingt-quatre ans, époque
où elle s'est mariée. Elles ont alors disparu pendant
quelque temps, mais pour reparaître depuis plusieurs années avec plus de violence que jamais.

A cela se joint la sensation habituelle d'une
boule qui partant de l'estomac remonte vers la
gorge et l'étouffe. C'est la boule hystérique, dont
elle a souffert surtout depuis son mariage et qui

aujourd'hui provoque chez elle de véritables moments d'angoisse. Nous en avons eu la représentation sous nos yeux.

L'inculpée n'a jamais eu de crises convulsives sous la forme de grandes attaques avec chute, mais elle est prise par instants — cela depuis une dizaine d'années surtout — de tremblements, acompagnés de contractions spasmodiques, avec un besoin maladif de briser ou de broyer ce qui lui tombe sous la main.

Ces tremblements, ces contractures sont surtout fréquents au moment des règles. Celles-ci jusqu'en ces dernières années sont venues d'une façon assez régulière, mais jamais sans souffrances. Avant, pendant et après l'époque, elle est dans un état physique et moral des plus pénibles : elle est énervée, ne peut tenir en place, ni s'occuper, et elle éprouve des douleurs intolérables dans tous les membres. Le bruit, la musique en particulier lui sont odieux.

Tous ces accidents, dont plusieurs, et non des moins sérieux, datent de l'enfance, ont été entretenus et exaspérés par un mariage malheureux. Délaissée au bout de quelques mois par un mari débauché, qui, assure-t-elle, l'injuriait sans cesse et la battait, elle a attendu quinze ans pour se séparer de lui, puis, après une séparation de cinq ans, elle a consenti à reprendre la vie commune, mais l'essai nouveau a été si malheureux, qu'elle s'est résolue enfin à demander le divorce qu'elle a obtenu sans difficulté, il y a de cela quatre ans.

Depuis lors, l'âge est venu et la ménopause qui

fait sentir son approche joint ses effets à ceux de l'hystérie pour achever de la déséquilibrer.

Telle est la femme qui se présente à notre examen.

Elle est arrivée de province, il y a un mois à peine. Se sentant trop isolée, elle est venue à Paris partager la vie d'une de ses nièces. Huit jours ne s'étaient pas écoulés depuis son arrivée qu'elle commençait à visiter les grands magasins, et, dès sa première visite, elle succombait. Cette femme aux goûts ultra simples, qui a toujours vécu modestement, qui ignore le luxe, n'a pu résister aux tentations qui l'ont assaillie, et elle a volé — c'est elle qui le raconte — sans la moindre hésitation. Rentrée chez elle, elle n'a pas eu l'ombre de remords et, qui pis est, elle n'a plus eu qu'une idée ; celle de recommencer. Dès lors ç'a été une obsession. Il a fallu qu'elle retournât au grand magasin pour y voler. Deux fois, elle en est sortie sans encombre ; la troisième fois, elle s'est laissé prendre. Cette troisième fois elle avait comme l'appréhension de ce qui allait lui arriver. La veille et le jour même elle a eu la fièvre et, au moment de franchir le seuil du magasin du Louvre, elle a entendu une voix intérieure qui lui disait : « Tu vas être prise ». Rien n'a pu l'arrêter, et elle ajoute : « Si je n'eusse été prise, je continuais indéfiniment. C'était plus fort que moi. »

OBSERVATION XVI

Mme O... est une femme dont l'esprit est profondément troublé. Son aspect seul, son attitude suffiraient à le faire soupçonner. Elle a dans le regard une fixité singulière, dans la physionomie quelque chose d'énigmatique ; interrogez-la : tantôt elle reste muette et comme absorbée et tantôt elle répond avec une vivacité extraordinaire.

Avant d'exposer son état actuel, nous dirons quelques mots de ses antécédents, ce qui nous la fera mieux comprendre.

Mme O... est née en 1862. Sa mère a eu des couches laborieuses. L'enfant est venue au monde à demi asphyxiée et est restée plusieurs jours entre la vie et la mort. Puis sont survenues des convulsions qui ont mis de nouveau sa vie en danger. Bien que son enfance n'ait été marquée par aucune autre maladie grave, elle n'a jamais joui d'une santé satisfaisante. C'était une enfant surexcitée, nerveuse, impressionnable qui à quatre ans ne parlait pas encore et plus tard n'a appris que difficilement. De bonne heure elle a eu une tendance à l'obésité.

Avec l'apparition des règles, à l'âge de treize ans, nous voyons se dessiner un ensemble d'accidents nerveux qui feront bientôt de la jeune fille une hystérique caractérisée. Elle a des céphalées violentes, elle vit dans une agitation continuelle ; elle ne dort pas ; elle présente des troubles significatifs

de la sensibilité ; elle devient incapable de se livrer à aucun travail mental. Entre quinze et seize
ans tous ces accidents s'aggravent et ses parents
l'amènent à Paris pour y recevoir des soins plus
éclairés. Elle était alors comme privée par moments de mouvement et de volonté ; ses tendances
à l'obésité ne faisaient que croître ; elle était plongée dans une somnolence continuelle ; ses fonctions menstruelles étaient suspendues. Placée dans
une maison de santé des environs de Paris, elle y
fut soumise à un traitement prolongé qui l'amé-
liora sans la guérir complètement. Les symptômes
les plus graves disparurent, mais l'hystérie demeura.

En 1889, la jeune fille se maria. Les parents à qui
on avait persuadé que le mariage serait peut-être
le meilleur des remèdes pour leur fille, lui cherchaient en effet un parti, mais ils auraient choisi
pour gendre un tout autre homme que M. O..., si
la jeune fille très vivement éprise, n'eût déclaré
qu'elle n'accepterait pas d'autre époux. A peine
mariée, Mme O... fut, paraît-il, la plus malheureuse
des femmes. Elle adorait son mari et eut à subir
toutes les fantaisies d'un débauché qui la trompait
tout en la ruinant. Pendant cinq ans elle lutta pour
l'arracher aux femmes qu'il installait successivement à son foyer ; mais à cette tâche sa santé physique et morale s'altérait de plus en plus et elle
était dans un état alarmant quand en 1893 elle
devint grosse. Mme O... se fit l'illusion que la naissance d'un enfant allait lui ramener le cœur de son
mari ; elle fut bientôt détrompée. A cette époque

son mari avec lequel elle était installée à C... fit là connaissance d'une femme de très humble condition et plus âgée que lui, qui, plus habile que toutes celles qui l'avaient précédée, sut si bien s'emparer de lui qu'aujourd'hui encore, au bout de cinq ans, elle le tient sous le joug. Entre temps, il avait dilapidé sa fortune personnelle et était en train de dilapider celle de sa femme. Les parents intervinrent, obtinrent une séparation de biens et reprirent leur fille.

Tout cela eût été bien si Mme O... avait été consentante, mais il n'en était rien. C'est à contre-cœur qu'elle revint avec son enfant au domicile paternel ; et, depuis cinq ans que ces événements se sont passés, elle n'a pu se résigner à son nouveau sort. Depuis cinq ans, elle vit dans un état d'esprit qui a un nom en pathologie mentale et qui est fréquent chez les hystériques : l'état d'obsession. Elle n'a qu'une pensée : reprendre la vie commune, et elle est disposée à tout faire pour arriver à son but. Ses parents ont beau lui représenter l'indignité de son mari : ils se heurtent à une passion que rien ne saurait ébranler, elle est prête à tout pardonner. Elle est convaincue qu'il n'y a rien entre elle et lui que cette femme qui le domine depuis cinq ans. Qu'elle arrive à chasser ou à supprimer cette femme et son mari doit lui revenir. Et de temps à autre, quand elle peut échapper à la surveillance de ses parents et se procurer l'argent nécessaire, elle court à C... elle supplie son mari de la recevoir, ne fût-ce qu'une nuit, puis elle guette sa rivale et cherche les moyens de lui faire un mauvais

parti. Plusieurs fois déjà elle l'a assaillie, mais
sans résultat. « Ah ! dit-elle, si je savais manier un
revolver, son affaire serait bientôt faite. »

Chez ses parents, on dirait une prisonnière qui
soupire après la liberté. Les conseils, les raisonne-
ments, au lieu de la calmer, la mettent hors d'elle ;
le mot de divorce l'exaspère : « Ne voyez-vous pas,
répond-elle, que si je divorçais, il l'épouserait ? »
Rien ne peut la distraire de son unique préoccupation, pas même son enfant. Pour occuper ses doigts
elle fait du crochet, et elle en fait avec frénésie.
Qu'elle s'asseye, qu'elle marche, qu'elle voyage,
ses doigts sont toujours en mouvement. Elle satisfait ainsi son besoin d'activité tout en conservant
la liberté de songer à sa position et aux moyens
d'en sortir. Elle a çà et là de véritables crises nerveuses qui se traduisent par des sorties violentes
contre ses parents, quelquefois même par des bru-
talités. Elle éprouve, ce qui est assez ordinaire
dans ces obsessions tenaces, une sensation de
pesanteur dans la région frontale qui donne un
air étrange à sa physionomie.

C'est dans cet état d'esprit que Mme O... s'est
rendue au Printemps, le 20 juin dernier, et y a volé
au lendemain d'un court voyage à C... où son mari
avait répondu à sa prière par des coups.

OBSERVATION XVII

Le 21 avril dernier, à 5 heures du soir, Mlle Hor tense R... était arrêtée au sortir d'un grand maga- sin par un inspecteur de la maison où elle venait de dérober de menus objets. Elle déclarait aussitôt qu'on trouverait chez elle beaucoup d'autres objets provenant de vols antérieurs. Une perquisition pratiquée immédiatement fit découvrir en effet chez la prévenue une quantité d'objets conservés soigneusement dans une armoire, non utilisés, et pourvus encore de l'étiquette du magasin.

La surprise fut extrême chez tous ceux qui la connaissaient. Ses parents qui habitent Bordeaux furent atterrés, et dans la maison religieuse où elle prenait pension on la crut devenue subite- ment folle. Tout ce qu'on savait de la jeune fille était en contradiction absolue avec ce qu'on appre- nait d'elle. Élève d'une maison d'éducation où elle suivait des cours préparatoires à l'École normale supérieure, elle passait pour une élève aussi tra- vailleuse qu'intelligente ; dans la maison reli- gieuse où elle était hébergée on la considérait bien comme une jeune personne de caractère vif et d'humeur fantasque, mais en présence de sa piété, de ses mœurs irréprochables et de son ardeur au travail on ne pouvait avoir que de l'af- fection et de l'estime pour elle. Elle s'était même créé une sorte d'autorité morale parmi ses com- pagnes tant par son exemple que par ses conseils.

Et c'était cette jeune fille qui tout à coup se faisait prendre comme voleuse ! Des faits aussi contradictoires en apparence avaient certes de quoi stupéfier. L'histoire de la prévenue nous permettra peut-être de les expliquer.

Constatons tout d'abord qu'elle n'est pas sans antécédents héréditaires. Sa mère est une femme impressionnable et l'une de ses parentes dans la branche paternelle a été aliénée. Ses quatre frères ou sœurs sont morts jeunes, trois d'accidents cérébraux, le dernier d'une fièvre typhoïde.

Ses antécédents personnels sont fort chargés : à huit ans elle est atteinte de chorée; à treize ans elle a une fièvre typhoïde ; elle se forme ensuite difficilement et, vers l'âge de seize ans, elle est prise d'accidents hystériques qui durent encore et se traduisent par les symptômes classiques : désordres de la sensibilité, crises nerveuses avec larmes, cris, boule hystérique, etc. Comme beaucoup de malades de son espèce, elle est particulièrement accessible aux pratiques de l'hypnotisme. Ajoutons que dès la première jeunesse elle se signale par une émotivité et une irritabilité maladives, à tel point qu'après avoir obtenu une bourse au lycée de sa ville natale, elle a dû se résigner à en sortir, faute de pouvoir tenir en place. D'ailleurs fort intelligente et montrant de remarquables aptitudes en plusieurs directions. Nous n'insistons pas sur des accidents qu'on retrouve à peu près semblables chez quantité d'hystériques et nous arrivons de suite aux faits qui donnent un cachet caractéristique à l'affection de Mlle R... Mlle R... n'est

pas une hystérique quelconque, c'est une hystérique dont les circonstances ont développé outre
mesure les côtés maladifs et porté à un degré rare
l'état de déséquilibration primitif.

Peu aimée de sa mère avec laquelle elle n'a
jamais vécu dans une véritable intimité, ne trouvant pas chez son père, que ses occupations rete-
naient au dehors, le guide dont elle aurait eu le plus
grand besoin, la jeune fille s'attacha toute jeune
encore, dès l'âge de sept ans, à un ami de la famille, homme très respectable, qui s'employa de
grand cœur à la diriger. Pleine de reconnaissance
pour son zèle et d'admiration pour ses qualités,
elle ne tarda pas à lui abandonner complètement
la conduite de ses idées et de ses sentiments, ne
voulant croire et aimer qu'avec son consentement,
et agir que selon ses avis. A seize ans, c'est-à-dire
après quelques années d'un tel régime, elle n'était
plus qu'un instrument ou un jouet entre les mains
de son guide : abdiquant toute volonté, elle l'eût
suivi où il eût voulu. Mais avec l'âge, et fatalement, les relations ne pouvaient rester toujours
ce qu'elles étaient tout d'abord. L'attachement de
l'enfant devenait un attachement de jeune fille, et
le respect se transformait en un sentiment beaucoup plus tendre. La jeune fille et son directeur
eurent beau se faire quelque temps illusion sur
leurs propres sentiments, un jour vint où leur
affection mutuelle se trahit d'elle-même et où ils se
trouvèrent en présence de la plus dangereuse des
situations. L'homme occupait une position sociale
où sans se manquer à lui-même et sans se dégrader

aux yeux de la jeune fille il ne pouvait s'unir légitimement avec elle, et encore moins songer à toute
autre chose. Il n'y avait donc d'autre issue qu'une
séparation, la plus prompte et la plus radicale possible. On continuerait de s'aimer, mais sans se
voir, ou l'on ne se verrait qu'à de longs intervalles et quand tous les périls seraient conjurés.

On convint donc que la jeune fille qui se prépa-
rerait à l'enseignement, quitterait Bordeaux et irait
à Paris afin d'achever ses études. Sur la fin de
l'année 1893, elle vint en effet prendre pension à
Paris dans une maison tenue par des religieuses.
Rien ne ressemble moins à un couvent que cette
maison. Les jeunes filles, étudiantes ou employées
de commerce, y jouissent d'une grande liberté ;
elles viennent prendre leurs repas chez les sœurs
et elles doivent le soir être rentrées à une certaine
heure ; mais il suffit qu'elles préviennent la Supérieure pour s'affranchir de la règle. En somme, les
pensionnaires ne sont surveillées que dans la
mesure où elles veulent bien l'être.

On conçoit sans peine ce qui dut se passer en
Mⁱˡᵉ R... quand elle se trouva seule à Paris, loin de
tout ce qu'elle aimait et privée de celui qui depuis
si longtemps dirigeait tous ses actes et toutes ses
pensées. Elle chercha tout d'abord dans le travail en même temps qu'un adoucissement à sa
douleur une diversion pour son esprit. Elle suivit
avec ardeur les cours du lycée, et il n'y eut pas
chez les religieuses de pensionnaire plus acharnée à l'étude. Les journées ne lui suffisaient pas,
elle passait une partie de ses nuits Mais toute cette

application au travail ne donnait qu'une satisfaction médiocre aux besoins de son âme. L'esprit
faisait de vains efforts pour s'attacher à l'étude : le
cœur était resté là-bas. L'image de l'être aimé ne
la quittait point. C'était une obsession continue,
et au plus fort du travail, un objet aperçu au
hasard, un mot rencontré au courant d'une lecture
suffisaient pour la replonger dans sa vision intérieure. Dès qu'elle pouvait se procurer un moment
de loisir, c'est volontairement qu'elle-même revenait à sa pensée favorite : tout entière alors à la
contemplation de l'image chérie, elle demeurait
dans une sorte d'exase, à la façon des mystiques.

Avec un peu d'entraînement elle ne tarda pas
à faire naître chez elle de véritables hallucinations : elle vit son ami, elle l'entendit, elle con-
versa avec lui. Mais elle sortait de ces ravissements
exténuée par l'effort intérieur, par l'intensité de
la concentration cérébrale; et c'était alors une
explosion de rires, de larmes sans motif, une
inertie, une absence de volonté et d'initiative
qui faisaient l'étonnement de son entourage. C'était
d'ordinaire dans le silence de sa chambre, au retour des cours ou pendant les veillées du soir
qu'elle s'abandonnait à ses sentiments, mais il lui
arriva plus d'une fois de se laisser surprendre au
dehors, au milieu même de ses occupations d'étudiante. C'est ainsi qu'un jour de composition, elle
rendit au professeur au bout de deux heures une
page blanche pour tout travail, et il s'agissait d'une
matière ou elle était particulièrement bien préparée. Les vacances scolaires, en la ramenant au

pays natal, furent pour elle une occasion de raviver sa passion, et, quand elle revint à Paris en octobre, son imagination était plus exaltée que jamais.

Le hasard fit que dans la maison où elle prenait pension venait d'entrer une jeune fille, étudiante comme elle, comme elle victime d'un amour malheureux. Une sympathie mutuelle rapprocha les deux compagnes : elles ne tardèrent pas à échanger des confidences, et se fortifiant l'une l'autre dans leurs sentiments, elles ne firent qu'aggraver encore leur propre mal. Cette rencontre fut pour Mlle R... une circonstance désastreuse. Avec sa nature maladivement impressionnable et déréglée, elle en vint insensiblement à concevoir pour la nouvelle amie une affection qui pour être d'une tout autre nature que celle qu'elle avait exclusivement nourrie jusqu'alors n'en tomba pas moins bientôt dans une exagération toute semblable, et devint pour elle la cause de nouvelles souffrances et de nouveaux malheurs. Comme tout être qui aime profondément, elle eût voulu que cette amie fût toute à elle et qu'en dehors de *l'autre* elle n'eût d'yeux et d'oreilles que pour elle. Mais l'amie, si affectueuse qu'elle fût, ne l'entendait pas ainsi, et, très involontairement, elle devint pour sa compagne un sujet continuel de tortures morales. Bientôt il suffit d'un mot, d'un geste, d'un acte quelconque insuffisamment expliqué pour jeter Mlle R... dans d'indicibles tourments. Et alors c'étaient des reproches, des brouilleries violentes que suivaient des réconciliations tumultueuses, accompagnées de

crises nerveuses, de larmes et d'extravagances
telles qu'un jour la compagne ne pouvant travailler
d'une façon régulière auprès d'une personne aussi
étrangement excitable, dut abandonner la chambre
commune, ce qui fut une cause nouvelle de désespoir pour Mlle R.

Cet événement se passait vers la fin du mois de
janvier de cette année. On peut dire qu'à ce moment l'état cérébral de Mlle R... a déjà dépassé de
beaucoup les limites de la simple excitation habituelle, ou même de l'exaltation. Nous sommes dès
lors en présence d'une jeune fille réellement malade et qui a perdu toute autorité sur elle-même.
Si nous n'avions ici pour nous éclairer que le récit
même de l'inculpée, nous serions en droit, malgré
toutes les apparences de la plus parfaite sincérité,
de nous tenir en défiance, de craindre tout au moins
quelque exagération, mais nous avons pour baser
notre opinion un document bien autrement puissant et véridique, et qui celui-là ne peut être dis-
cuté : c'est le journal intime de la jeune fille, journal écrit presque au jour le jour depuis son arrivée à Paris, et dans lequel elle dévoile l'état de son
âme avec une précision et une candeur qui ne peuvent laisser place au plus léger soupçon de super-
cherie. Or, ce que nous révèle ce journal va certainement beaucoup au delà des confidences de son
auteur. Quand on le parcourt on est frappé tout
d'abord de la correction, de l'ordre, de la bonne
tenue des premières pages, comparés à l'incorrec-
tion et au désordre des dernières, avec leur écriture
à peine lisible, et leurs phrases inachevées, image

trop parfaite du cerveau de celle qui écrit. Et du fond même qu'en dire, sinon qu'il n'est que trop semblable à la forme ? Tout d'abord c'est la pensée de l'ami lointain qui domine, qui emplit tout. C'est avec lui que l'auteur s'entretient dans son journal, lui rendant compte de toutes ses pensées, invoquant son image pour la soutenir et la guider. Et tout cela est régulier, enchaîné, presque sage relativement. Qu'on saute aux pages qui correspondent à ces derniers mois, quel changement ! Toute suite, toute coordination a disparu : le journal ne raconte même plus les faits de la vie courante de l'écolière ; il n'est plus que l'écho des émotions violentes de la jeune fille dans tout leur désordre, dans toute leur instabilité. Un regard de son amie la jette dans le désespoir, un mot la fait déborder de joie. Et tout cela se mêle au souvenir de l'absent toujours invoqué, à l'idée de Dieu qui surnage dans ce chaos, aux images funèbres dont elle est obsédée. Il n'y a qu'un mot pour définir un tel état d'âme, c'est le mot de folie.

Que Mlle R... ne soit pas arrivée jusqu'à l'idée délirante proprement dite, nous en sommes convaincu, mais elle s'en est singulièrement rapprochée, et à tout prendre, quand on la voit donner une signification si déraisonnable, si absurde à tant de faits insignifiants par eux-mêmes, et en éprouver de tels tourments qu'elle en vient à songer à plusieurs reprises au suicide, on est porté à penser que si elle n'a pas déliré au sens précis du mot, elle n'en a pas moins vécu pendant quelques mois dans un véritable trouble mental, c'est-à-dire dans un état où l'imagination — et c'est là le propre de la folie — se substitue constamment à la réalité.

Comment dans cette dernière période, en proie à une telle exaltation a-t-elle pu continuer sa vie d'écolière, et suivre des cours comme par le passé ? Ce sont des faits moins inconciliables qu'on ne serait tenté de le croire. Il n'est pas rare de rencontrer des fous, et des mieux caractérisés, qui pendant longtemps vaquent à leurs occupations habituelles sans que souvent autour d'eux on se doute de leur état. A vrai dire, aux yeux de ses maîtres, Mlle R... n'était plus la même; elle avait des défaillances incompréhensibles ; de leur côté, en la voyant si étrange, ses compagnes ainsi que les sœurs chez qui elle vivait , bien qu'autant que possible elle se cachât des unes comme des autres, commençaient à douter de sa raison, et la supérieure qui mettait toutes les bizarreries de sa pensionnaire sur le compte du surmenage intellectuel eut plusieurs fois l'envie de la rendre à ses parents.

C'est durant les deux derniers mois de cette période maladive que Mlle R... a commis au Printemps les actes délictueux qui lui sont reprochés. Nous la laisserons expliquer elle-même de quelle manière et dans quelles circonstances ils ont été accomplis. Elle raconte qu'au sortir de ces crises qui l'agitaient de plus en plus violemment, elle tombait parfois dans une dépression morale si profonde qu'elle en perdait toute conscience, et qu'elle se trouvait alors comme une machine. On eût dit qu'une autre personne se chargeait de diri-

ger ses actions pendant qu'elle-même restait obsédée par ses pensées. Si dans ces moments elle sortait, il lui arrivait d'aller devant elle sans savoir
où, et de se retrouver quelques heures après en un
endroit où elle avait coutume d'aller soit à Notre-
Dame, soit à la sortie du cours que fréquentait son
amie, soit encore dans quelque magasin. C'est dans
ces promenades à demi inconscientes qu'elle **aurait**
volé. Elle se sentait attirée par les objets mis en
montre, et qu'ils lui fussent utiles ou non, elle s'en
emparait. Rentrée chez elle, elle était prise de
honte, ne savait que faire, hésitait à restituer de
crainte de se dénoncer elle-même et se rejetait sur
l'idée qu'au jour où elle gagnerait quelque argent,
elle solderait en bloc ses larcins. Combien de fois
a-t-elle ainsi volé? Elle n'en sait rien. Elle a dit
douze quand elle a été interrogée, mais c'est là
assure-t-elle, un chiffre pris au hasard. Elle n'a fait
usage d'aucun des objets qu'elle a dérobés et qui
ont été retrouvés chez elle absolument intacts, et
encore munis de l'étiquette de la maison. Elle
assure que jamais elle n'a cherché à dissimuler ses
vols, tellement elle était peu consciente de ce qu'elle
faisait et qu'elle a tout pris ouvertement. C'est elle-
même — le renseignement est du procès-verbal —
qui arrêtée en flagrant délit a pris les devants pour
prévenir l'inspecteur qu'on trouverait chez elle
d'autres objets volés.

Il était intéressant de voir ce que contenait son
journal intime sur ses actes délictueux : il est là-
dessus complétement muet. Et pourquoi donc n'en
parle-t-il pas? La réponse de la jeune fille est

curieuse: « Cela me répugnait, dit-elle. Je reconnaissais que j'avais commis un vol, mais il me semblait que ma volonté n'y était pour rien et que je n'en étais pas responsable. Dès lors pourquoi le noter ? »

OBSERVATION XVIII

Mme T... est accusée de vol dans les grands magasins. Le 22 octobre dernier, accompagnée de son mari, elle entrait successivement dans deux magasins et y soustrayait un certain nombre d'objets : ici une ombrelle et une plume valant au total 29 fr. 25 ; là un porte-monnaie du prix de 0 fr. 95. Elle déclare avoir pris ces objets à l'insu de son mari et y avoir été poussée par une impulsion irrésistible.

Devons-nous ajouter foi à cette allégation ?

Nous répondrons sans hésitation : *Oui.* Mme C.. rentre certainement dans la catégorie des femmes dont les vols *dans les grands magasins* sont excusables parce qu'ils sont la conséquence d'un état maladif qui les livre sans défense suffisante aux tentations exagérées qu'elles y rencontrent.

Mme C... n'a pas d'antécédents domestiques. En revanche ses antécédents personnels sont assez chargés. A cinq ans, elle a été atteinte d'une affection fébrile compliquée de délire et qu'on a qualifiée de méningite ; à quinze ans, elle a été éprouvée par une gastro-entérite épidémique, compliquée également de délire et suivie d'une longue période d'anémie. Formée à onze ans et demi, elle a eu à douze ans une ménorrhagie grave et depuis lors ses règles ont été douloureuses et d'une abondance anormale. Néanmoins jusqu'à son mariage nous ne constatons pas chez elle d'état nerveux alarmant.

Ce mariage ne s'est pas fait sans peine. Conclu depuis longtemps entre les intéressés, il n'agréait pas aux parents du jeune homme, qui, devant cette résistance, donna sa démission de l'emploi qu'il exerçait et alla faire ses trois ans de service militaire dans l'infanterie de marine. Ces trois années furent, comme bien on pense, trois années de tourment incessant pour la jeune fille et quand au retour de son fiancé le mariage se fit enfin, elle était admirablement préparée à tous les accidents nerveux.

La crise éclata trois mois après le mariage sous la forme d'une attaque d'hystérie, provoquée par une émotion violente en pleine période cataméniale. Le premier résultat fut une suppression immédiate de l'écoulement sanguin, avec toutes ses conséquences. Pendant un mois, elle souffrit horriblement du ventre et de la tête et fut traitée tour à tour pour une métrite et pour une ovarite. Près de deux ans se sont écoulés depuis lors et elle n'est pas encore débarrassée de ces accidents.

D'autre part, l'hystérie qui venait de s'affirmer de façon si bruyante ne fit à partir de cette première attaque que s'accentuer, au point de créer chez la malade un état des plus alarmants. Mme T... présente aujourd'hui les signes les plus caracté-

ristiques et les plus graves de la névrose : altéra-
ration des fonctions visuelles, auditives, gustati-
ves, etc., altération de la sensibilité cutanée, douleur ovarienne, constriction pharyngienne, etc.,
c'est-à-dire tous les symptômes permanents ; et
avec cela des crises paroxystiques ayant tous les
caractères des crises de la grande hystérie : convulsions, torsion des membres, corps en arc de cercle, yeux hagards, délire, etc. Ces attaques ne sont
pas périodiques, mais elles reparaissent à la moindre émotion, à la plus légère contrariété, souvent
même sans motif appréciable.

Un début de grossesse datant de deux ou trois
mois paraît avoir eu d'abord une influence heureuse sur quelques-uns des accidents — sur les
crises paroxystiques en particulier — mais, par
une sorte de compensation, il a provoqué dans
l'état moral et mental de la malade, déjà si profondément affecté par la névrose hystérique, un
trouble qui est singulièrement proche de la folie.
Il serait difficile de trouver une femme enceinte
poussant au même point qu'elle les désirs et les exigences. Qu'elle soit prise, par exemple, d'une envie
de mandarines ou de barbe de capucin, et elle obli-
gera son mari à aller se procurer dans une ville
voisine ce qu'il n'aura pu trouver dans celle où elle
habite avec lui. Quel que soit l'objet qui la tente :
robe, plume, chapeau, il le lui faut, et sur l'heure,
ce qui ne l'empêchera pas d'en être dégoûtée tout
aussitôt et de le jeter au fond d'une armoire. Elle
se passionne pour ce qu'elle a toujours eu en horreur et prend en horreur ce qu'elle a le plus aimé.

Il y a des moments où son mari même ne peut l'approcher. On ne compte plus les impulsions bizarres auxquelles elle obéit sans réflexion : on l'a vue entrer chez des voisins, et sans leur en demander la permission, manger leur soupe pendant qu'ils avaient le dos tourné. Elle est obsédée de peurs ridicules, voit partout des voleurs, et ne dort plus la nuit dans la crainte que quelqu'un ne s'introduise pendant son sommeil dans sa maison ou dans sa chambre. Elle en est arrivée à ne plus vouloir coucher chez elle et, depuis près d'un mois, elle demande l'hospitalité à sa mère.

L'attitude de Mme T... durant la longue entrevue que nous avons eue avec elle aurait suffi, même à défaut de tous ces renseignements, pour nous montrer à quel point elle est touchée au point de vue mental et moral. A travers ses sanglots nous avons eu toutes les peines du monde à obtenir d'elle quelques réponses, et si son mari n'eût été là nous n'aurions certainement rien appris de son passé. Mais où nous avons pu la juger tout entière, c'est au moment où nous l'avons interrogée au sujet de sa grossesse. Cette jeune femme, plutôt déprimée jusque-là, est entrée alors dans un état de surexcitation extraordinaire, nous suppliant de lui affirmer qu'elle était enceinte, qu'elle aurait un bébé, que ce bébé se porterait bien, qu'il ne serait pas malade comme sa mère, etc., etc. Nous avons eu beau répondre affirmativement à toutes ses questions et lui prodiguer tous les encouragements qui étaient en notre pouvoir, rien n'est parvenu à la calmer et elle nous a quitté avec toutes les apparences d'une folle.

Cete expérience ne nous a pas servi seulement à nous rendre compte de l'état mental et moral de Mme T..., elle nous a encore permis de comprendre certains faits de la cause qui n'étaient pas sans avoir laissé d'abord quelque doute dans notre esprit. Nous nous demandions comment le mari, en recevant, au sortir du magasin, les confidences de sa femme, ne s'était pas empressé de restituer les objets ; mais il nous a fait observer qu'il n'en était pas le maître ; il nous a raconté qu'au premier mot de restitution, l'attitude de sa femme avait été telle qu'il avait redouté une attaque d'hystérie en plein trottoir et qu'il n'avait eu d'autre ressource que de mettre les étiquettes des objets volés dans sa poche afin de pouvoir les payer plus tard.

OBSERVATION XIX

La dame V... est une femme de trente-cinq ans, assez grande, d'apparence peu vigoureuse, au teint pâle, mais ne présentant ni dans ses traits, ni dans sa physionomie rien qui appelle spécialement l'attention. Elle est accusée de plusieurs vols commis dans les magasins du Louvre. Nous avons à rechercher si ces vols trouvent une explication et une excuse dans l'état de santé de la prévenue.

La dame V... n'est pas sans antécédents héréditaires. Son père était un homme nerveux et très violent, et un oncle, frère de ce père, est mort aliéné à l'asile de N... à l'âge de vingt-cinq ans.

Elle n'a pas fait de graves maladies pendant son enfance, mais au moment de la formation elle a commencé à présenter les phénomènes nerveux propres à l'hystérie : sensation fréquente d'oppression, d'étouffement, de constriction de la poitrine et de la gorge (boule hystérique) avec des crises de nerfs plus ou moins distantes, se traduisant par des cris, des pleurs, des raideurs musculaires.

Mariée à l'âge de dix-huit ans, elle a été grosse huit fois et elle a encore actuellement trois enfants vivants.

Les accidents nerveux se seraient tout d'abord calmés après le mariage et pendant les deux premières grossesses, mais pour reparaître ensuite avec une intensité qu'ils n'avaient pas auparavant. Les crises dès lors se renouvellent plus souvent, et gagnent en gravité. A quatre reprises elles déterminent des fausses couches, et, à partir de 1886, se compliquent de phénomènes nouveaux. La santé générale de la prévenue laisse de plus en plus à désirer. Les digestions se font mal, et elle se plaint d'une douleur continue au niveau des ovaires, ainsi que d'une sensation de pression au sommet de la tête et à la nuque. En même temps, elle se fait remarquer par une susceptibilité extraordinaire. Sous l'action de la plus légère contrariété, elle est prise d'un besoin irrésistible de s'agiter, de crier, de serrer, de frapper, puis une sorte de dépression profonde s'empare d'elle : ses jambes fléchissent et elle tombe.

Ces crises d'agitation succèdent généralement à des périodes de mélancolie, durant lesquelles la

malade est profondément triste, repliée sur elle-
même, inerte. Habituellement elle dort mal, elle
a des cauchemars et, à plusieurs reprises, on l'a
vue se lever subitement, courir à travers les cham-
bres à demi nue et tenir aux siens de véritables
propos délirants. Il y a quelques jours, elle se pré-
cipitait de très grand matin dans la chambre de
son·mari, se croyant poursuivie et appelant au
secours. Très peu raisonnable, d'ailleurs, quand
elle est mieux portante et plus calme, toujours en
querelle, mécontente de tout, elle prend à cœur
les incidents les plus insignifiants et oppose la plus
singulière indifférence aux événements les plus
graves.

Il résulte de cet ensemble de symptômes que
Mme V... est une femme malade, atteinte d'hystérie, mais dont l'affection ne se borne pas, comme
cela a lieu très souvent, à la sphère sensitivo-mo-
trice et atteint les régions intellectuelles et morales. Plus qu'une autre, elle est dominée par ses
impulsions. Quand le désir ou la passion ne l'agite
point, c'est une femme à peu près capable de raisonner et de se conduire ; mais qu'un désir, qu'une
passion s'éveille en elle, et il n'y a plus de frein
qui puisse l'arrêter.

Mme V... a volé au Louvre à trois ou quatre
reprises — elle-même, tout en reconnaissant les
faits sans réticence aucune, ne saurait dire le
nombre exactement. Son premier vol date de 1893.
A ce moment elle venait de s'établir aux environs
de Paris, à M..., et les nécessités d'une installation
nouvelle la conduisaient plus fréquemment que

d'habitude dans les magasins de nouveautés de
Paris. Elle allait au Printemps, au Bon-Marché,
mais surtout au Louvre. Ce dernier magasin exerçait sur elle une fascination spéciale. Elle raconte
qu'en débarquant à la gare Saint-Lazare elle courait sucessivement dans les trois magasins, mais ne
faisait que traverser pour ainsi dire les deux premiers pour gagner plus vite le troisième et s'y
arrêter tout à son aise. Là elle se promenait avec
délice, heureuse de circuler parmi toutes ces richesses, éprouvant une jouissance indéfinissable
à contempler les objets exposés, à les tenir, à les
palper, et achetant çà et là ce dont elle n'avait pas
besoin, pour le plaisir d'acheter, en quelque sorte.
Un jour elle s'arrête devant un comptoir chargé
d'éponges : elle les manie, les presse, et finalement
s'éloigne en gardant l'une d'elles dans sa main. A
quel mobile obéissait-elle ? Ce n'était évidemment
pas à une vulgaire cupidité : l'éponge était de
0 fr. 65, et, le même jour ou les jours suivants, elle
achetait dans le même magasin pour plusieurs
centaines de francs. Elle n'en avait d'ailleurs aucun
besoin, car elle a chez elle des chapelets entiers
d'éponges. Elle vit d'ailleurs dans une grande
aisance et dépense largement, son mari ne lui
refusant rien. A quoi donc attribuer son acte.
Ecoutons-la :

« Je n'avais pas besoin de cette éponge, dit-elle,
et si j'en avais eu besoin, rien ne m'empêchait de
l'acheter ; *mais il me plaisait infiniment d'emporter du Louvre quelque chose, si minime que cela
fût, que je n'aurais pas payé. Et je suis partie tout*

heureuse de mon larcin. » Ne dirait-on pas un
amant qui dérobe quelque souvenir à sa maîtresse ?

La voleuse a-t-elle par la suite éprouvé quelque
remords ? Aucun. Bien plus, elle n'a eu qu'une
idée, celle de recommencer, tant avait été vive la
première jouissance éprouvée. Cependant, elle n'a
pas volé toutes les fois qu'elle est retournée depuis
dans son magasin préféré. Quand elle était accompagnée d'un de ses enfants, elle s'abstenait ; la présence de cet enfant suffisait à la contenir. Mais
quand elle était seule, c'était plus fort qu'elle, il
fallait qu'elle sortît emportant quelque chose, et
malheureusement comme son plaisir lui semblait
croître avec le nombre des objets volés, elle emportait chaque fois davantage. Il est prouvé d'ailleurs
qu'elle ne se préoccupait pas de dissimuler ce
qu'elle dérobait.

OBSERVATION XX

La dame B..., qui est accusée d'avoir, en plusieurs fois, volé au Louvre des objets dont le mon-
tant s'élève à la somme de 320 francs, est une
femme dont le système nerveux est profondément
atteint. Elle est fille d'aliéné. Son père l'a conçue
entre deux séjours dans une maison de santé de
Paris et est allé mourir quelques années après à
l'asile de Clermont. Une sœur de son père s'est
suicidée.

Cependant, jusqu'à l'époque de son mariage,

c'est-à-dire jusqu'à l'âge de vingt-huit ans, cette tare héréditaire ne se manifeste pas d'une manière grave. C'est bien, dès l'origine, une personne qui passe pour bizarre et peu intelligente, mais ni ses manies ni sa simplicité d'esprit ne sont capables à elles seules d'attirer sérieusement l'attention sur elle. Ce qu'elle offre de plus remarquable dès l'enfance, est un besoin de sommeil tout à fait extraordinaire, besoin qui n'a pas encore disparu. Ajoutons qu'elle s'est formée très jeune, à onze ans, mais sans difficulté, et que la menstruation une fois établie n'a depuis lors jamais été troublée.

C'est le mariage qui a éveillé ses dispositions pathologiques. Mariage malheureux à tous égards, les deux époux n'ayant pu s'entendre. La femme manquait d'intelligence, et le mari de douceur. Ils furent sur le point de divorcer. Le divorce ne se fit pas, mais toute intimité disparut.

L'union était à peine consommée que des crises nerveuses se déclarèrent. Dans ces crises, Mme B... se débattait, perdait connaissance et tombait ensuite dans une sorte de sommeil léthargique. Il y a quelques années, elle fut surprise en pleine rue par une de ces attaques et on dut la transporter à l'hôpital où elle demeura trois mois.

Depuis deux ans, ces crises ont changé de caractère : la phase convulsive de l'attaque a disparu. La malade tombe, mais sans se débattre et reste profondément endormie pendant un temps plus ou moins long. A ces accès de sommeil, se joignent de la céphalée occipitale, une douleur ovarienne à droite et une hémianesthésie incomplète du même

côté. Ce sont là tous signes d'une affection hystérique des plus caractérisées.

C'est dans les premiers jours de mars dernier,
que Mme B... aurait volé pour la première fois. Elle
affirme qu'elle était venue au Louvre dans le but
d'acheter quelques objets dont elle avait besoin.
Les objets choisis, elle se serait dirigée vers la
caisse, mais la foule était ce jour-là si compacte et
la difficulté d'approcher si grande, qu'après avoir
attendu quelque temps, elle prit subitement le
parti de s'en aller sans payer.

Rien de plus banal, rien de moins pathologique
que ce premier vol. Mme B... a été victime d'un
moment de faiblesse, que son état maladif rend
plus ou moins excusable, mais on ne saurait dire
— et elle-même ne le prétend pas — qu'elle a été
victime cette première fois d'un entraînement irrésistible.

Il n'en est peut-être pas de même des vols suivants.

A partir de ce premier vol, Mme B... vit dans une
angoisse perpétuelle ; elle est harcelée par le souvenir de ce qu'elle a fait ; elle est en proie au remords
et, d'autre part, elle est obsédée d'un désir, d'un
besoin invincible de recommencer. Il semble que
deux démons familiers se la disputent : l'un qui
lui montre à quel point elle a mal agi et qui la
conjure de s'arrêter ; l'autre qui lui représente
combien il est facile de voler et qui la pousse à
voler de nouveau.

On dira que toute femme qui n'est pas foncière-
ment malhonnête est à tout instant travaillée ainsi

en sens contraire et qu'on ne saurait pour cela seul l'excuser quand elle succombe. Cela est vrai, mais il est peu probable cependant que cette lutte intime atteigne souvent l'intensité qu'elle a présentée chez l'accusée, et c'est précisément ce qui lui donne ici son caractère maladif et anormal. Son remords est si vif et son obsession si puissante qu'elle en arrive (nous avons ici des témoins) à vouloir échapper à l'un et à l'autre par le suicide. Comme elle habite non loin du chemin de fer de ceinture, elle ira se jeter sous un train ; ou bien elle se coupera la gorge avec le rasoir de son mari. Pour se garder contre elle-même, elle en est réduite à faire des confidences à son enfant âgé de treize ans ; elle lui raconte tout, et ses vols et ses idées de suicide, et le supplie de ne plus la quitter. Elle se confesse également à des parents. En même temps, elle va au cimetière se jeter sur la tombe de sa mère et lui demander pardon de ce qu'elle a fait et de ce qu'elle fera encore. Car, chose incroyable, elle continue à voler : « Plus je volais, nous dit-elle, plus le désir de voler grandissait en moi, et moins je pouvais m'en empêcher. »

Comme toutes les femmes qui volent non par un besoin réel, mais par un besoin maladif, Mme B... prend tout à la fois des objets qui peuvent lui être utiles et d'autres dont elle n'a que faire. Sept peignes, par exemple ! Et elle n'a pas plus tôt ces objets en sa possession, qu'elle en a horreur, qu'elle ne veut plus les voir, qu'elle a hâte de les empaqueter et de les jeter au fond d'une armoire.

Nous avons demandé à l'accusée comment, se

sentant si faible contre elle-même, elle n'avait pas
cherché secours auprès de son mari. « Mais mon
mari m'eût tuée, Monsieur, s'il eût appris quelque
chose. » Et une telle crainte n'a pas été suffisante
pour l'arrêter ! Observons en passant que son mari
est encore dans la plus complète ignorance de ce
qui s'est passé.

Quelque étrange que le cas puisse paraître, on
ne saurait douter que nous soyons ici en présence
de faits pathologiques. L'obsession impulsive à
laquelle a été en proie l'accusée depuis le jour où
elle a volé pour la première fois n'est pas évidemment une obsession ordinaire. Elle a tous les
caractères de l'obsession maladive, obsession violente, douloureuse, que rien ne peut satisfaire,
qui se fait d'autant plus tyrannique qu'on la satisfait davantage et dont on ne se délivre que par
quelque moyen extrême : l'asile ou le suicide.
L'accusée n'a eu qu'un tort, c'est de ne pas avoir
pensé à l'asile au lieu du suicide.

Observation XXI

Le 25 mai dernier, la dame J..., accompagnée
d'une bonne à son service, s'emparait fraudu-
leusement dans les magasins du Bon-Marché, d'un
certain nombre d'articles (objets de toilette ou bijoux) dont la valeur s'élevait à une somme d'environ 140 francs. Conduite immédiatement chez
le commissaire de police, elle avouait le vol sans
difficulté, déclarant que sa bonne n'avait joué en

cette affaire qu'un rôle passif, et avertissant le magistrat qu'on trouverait chez elle un certain nombre d'autres objets volés dans une circonstance antérieure.

Lorsque, quelques semaines après, j'ai interrogé Mme J... je n'ai pu m'empêcher d'être frappé tout d'abord de la façon dont elle renouvelait devant moi ses aveux. Rien ne ressemblait moins à une coupable que cette femme qui s'accusait non sans quelque plaisir ; c'était un témoin qui racontait ce qu'il avait vu. Elle reconnaissait les faits sans la plus légère réticence et ne pouvait s'empêcher de sourire. Un enfant qui ne comprend pas la portée de ses actes n'eût pas parlé autrement.

C'est sur le même ton qu'après m'avoir raconté les faits elle m'en a donné l'explication.

Six semaines environ avant l'époque où elle se fit prendre en flagrant délit, elle avait été frappée, dit-elle, par le récit d'un vol au Bon-Marché raconté dans son journal. Depuis lors cette histoire se représentait sans cesse à son esprit ; elle ne pouvait s'en détacher et peu à peu elle sentit naître en elle le désir absurde de commettre un vol dans des conditions semblables. Au bout de quelques jours le désir devint une obsession fatigante, irrésistible, et quinze jours après la fatale lecture, elle partait pour Paris dans l'intention formelle de voler quelque chose au Bon-Marché. Craignant de reculer au moment décisif si elle était seule, elle se fit accompagner de sa bonne. Le vol n'était pas d'ailleurs son seul but, car elle avait besoin de quelques objets qu'elle se proposait d'acheter. Arrivée dans

le grand magasin, elle achète en effet ce qu'elle
désire, puis circule devant différents comptoirs en
guettant le moment favorable. Dès que l'occasion
se présente, Mme J... fait main basse sur quelques
objets à sa convenance et les passe à sa suivante
qui les cache sous ses vêtements ; puis les deux
femmes sortent sans être aperçues.

Mme J... assure qu'elle est rentrée chez elle pleinement satisfaite. Elle avait réalisé son désir sans
qu'il en fût résulté pour elle aucune conséquence
fâcheuse ; l'obsession avait disparu ; c'était comme
un pari dangereux qu'elle eût gagné.

Les objets volés furent déposés et oubliés dans
son armoire. Malheureusement elle se trouva quelques semaines après dans l'obligation de retourner au Bon-Marché pour une acquisition indispen-
sable et de nouveau le désir de voler s'empara
d'elle. La facilité avec laquelle elle avait exécuté
sa première entreprise l'incitait à recommencer.
Le péril était si petit, et si grandes les joies à
éprouver ! Elle les éprouva en effet, mais cette fois
accompagnées de grands ennuis. Car surprise en
flagrant délit elle fut aussitôt conduite au commissariat de police .

Si étrange qu'elle paraisse, l'explication de Mme J.
n'a rien d'invraisemblable. Ce n'est pas la première
fois que la vue ou le récit d'un acte criminel ou absurde fait naître chez le spectateur ou chez l'audi-
teur un besoin irrésistible d'imitation. La médecine mentale fourmille d'exemples de ce genre. On
connaît le cas de cette femme qui, frappée par le
récit émouvant d'une exécution capitale tua, un

jour une de ses amies pour se faire condamner et
être à son tour l'objet du spectacle.

Le cas de Mme J..., pour être beaucoup plus modeste, est de la même famille.

Ce qu'il faut dire, c'est qu'il n'appartient pas à
tout le monde d'éprouver des obsessions de cette
sorte. Il faut y être prédisposé par un tempérament nerveux particulier, et c'est ce qui a lieu pour
Mme J...

Mme J... est une petite femme chétive aussi frêle
de corps que d'esprit. Elle appartient à une famille
névropathique, à tares héréditaires. De dix enfants
qu'ont eu ses parents elle est restée la seule vi-
vante ; tous ses frères et sœurs sont morts de convulsions, de méningites, de fièvres. Elle-même a
été frappée de méningite dans son enfance et est
restée longtemps si débile qu'on n'a pu l'envoyer
à l'école avant douze ans. A onze ans elle était formée, mais avec la menstruation se sont développés
en elle tous les symptômes nerveux caractéristiques de l'hystérie : émotivité excessive, crises convulsives, tremblements, sensation de la boule, cauchemars nocturnes, etc., s'exaspérant à chaque
époque menstruelle, et s'aggravant plus tard avec
le mariage et la grossesse. Il y a un an, sa santé a
été assez compromise pour qu'on l'envoyât en
Italie.

Rien n'est plus admissible que l'obsession absurde et irrésistible chez une telle malade. C'est le
propre de cette catégorie d'hystériques de se laisser envahir et absorber par une idée, par un désir,
au point de ne plus vivre tant que l'idée n'est pas

réalisée, tant que le désir n'est pas satisfait. Ce
ne sont pas toujours — et fort heureusement —
des désirs criminels ou absurdes. Cependant le cas
peut se présenter, l'expérience en fait foi, et la malade n'en met alors que plus d'énergie et de ténacité
à contenter son penchant coupable.

Il était intéressant de savoir si Mme J... n'avait
pas en ces dernières années été hantée par d'autres
obsessions plus ou moins absurdes, mais non cri-
minelles. Elle nous en a avoué quelques-unes. La
plus récente date de quelques mois. Elle habite
pendant l'été à Meudon une maison avec jardin.
Dans ce jardin se trouve un puits très profond et
dont la margelle est en si mauvais état que son
mari lui a formellement interdit d'en approcher.
Quelque temps avant son départ pour la campagne,
l'idée de ce puits s'est emparé d'elle et le désir d'y
puiser elle-même est devenu une obsession telle
qu'à peine arrivée elle y courait, jetait dedans les
arrosoirs ou autres récipients qui se trouvaient
sous sa main et s'amusait ensuite à les retirer à
l'aide d'une corde armée d'un crochet. Elle conte
encore qu'il y a quelques années on ne pouvait
l'empêcher d'attirer tous les chiens sans maîtres ;
elle les enfermait dans une cave, les y nourrissait,
en faisait collection. Cette manie lui est revenue
plusieurs fois.

Je n'insiste pas. Il va sans dire que les hystériques sujettes à de telles obsessions et y succombant
ne brillent pas généralement par l'intelligence.
Mme J... ne fait pas exception à la règle. J'ai noté
plus haut combien son attitude était étrange. Sa

conversation est celle d'un enfant ; elle ne paraît pas comprendre toujours la valeur de ses actes ; elle rit sans motif, et au moindre reproche, à la plus légère observation, éclate en sanglots.

OBSERVATION XXII

Mme K... est prévenue d'avoir volé à plusieurs reprises dans les grands magasins, avec cette circonstance particulière que ses vols ont toujours eu le même objet : des bracelets. Elle ne nie pas et n'invoque pour toute excuse que l'attrait particulier et quasi maladif qu'elle éprouve pour cette sorte de bijoux.

Qu'en faut-il croire ?

La prévenue a une hérédité assez chargée : un frère atteint d'idiotie est dans un asile ; une tante maternelle est morte aliénée, il y a dix ans ; sa mère était nerveuse et sujette à des crises convulsives.

Dans ses antécédents personnels nous ne relevons de grave qu'une fièvre typhoïde à l'âge de seize ans. Mais elle est de santé chétive, elle est anémique, et elle a été réglée à treize ans. Depuis lors chaque époque s'accompagne de complications nerveuses. Il n'est guère de mois où leur apparition ne soit précédée d'une crise caractérisée par de la courbature, de la fièvre, du délire et des contractions musculaires très douloureuses; parfois il y a des convulsions tétaniques avec chute et perte de connaissance complète. Dès que les règles apparaissent la crise prend fin.

En dehors des époques menstruelles, elle serait sujette à des accidents semblables chaque fois qu'elle éprouve une émotion quelque peu vive.

Tout cela indique trop clairement une femme atteinte d'hystérie pour qu'il soit utile de rechercher d'autres signes caractéristiques de la maladie. Ajoutons cependant qu'elle présente assez complètement ce qu'on a appelé l'état mental des hystériques : grande mobilité d'humeur, émotivité et irritabilité excessives, absences bizarres, distractions incompréhensibles, obsessions diverses, etc.

Elle-même va nous expliquer ses vols dans les grands magasins.

Elle éprouve, dit-elle, une passion étrange pour les bracelets. Elle en possède un grand nombre qu'elle a achetés ou qu'elle a reçus en présent. Ce sont les seuls cadeaux qui lui plaisent, et quand on veut lui être agréable on ne lui offre pas autre chose. Dans la rue elle ne peut rencontrer une boutique de bijoutier sans s'y arrêter, et elle demeure là comme en arrêt, dans une sorte de contemplation extatique qui l'énerve et à laquelle cependant elle ne s'arrache qu'avec peine. Elle sort parfois de chez elle sans autre but que d'aller voir des étalages de bijoutiers, et quand elle va se promener avec son mari elle lui demande comme une faveur de la conduire sous les galeries du Palais-Royal.

Voici un an environ qu'elle a commencé à voler des bracelets dans les grands magasins, mais elle est

loin d'en avoir volé chaque fois que les circonstances l'y ont conduite. Elle s'est toujours abstenue
quand elle se trouvait accompagnée et souvent
même quand elle était seule. Dans ce dernier cas
sa conduite dépend de l'intensité momentanée de
l'impulsion. Quand celle-ci est trop forte, elle va
droit vers le rayon de bijouterie, fait rapidement
son choix, prend et part. Elle ne cache pas le
plaisir très vif qu'elle ressent à se diriger ainsi
vers les objets qui l'attirent, à les contempler et
à les prendre. Mais elle déclare aussi que ce plaisir
est court, qu'il ne dépasse guère le moment de
la prise de possession ; qu'il n'est déjà plus qu'un
souvenir au moment où elle remet le pied dans
la rue, et qu'une fois chez elle elle n'a qu'une
idée : se débarrasser de l'objet volé et le jeter au
fond d'un tiroir d'où il ne sortira plus. Elle ne peut
ensuite y penser sans remords. Il est à peine besoin
de dire que jamais elle n'en a parlé à personne, à
son mari moins qu'à tout autre, et c'est pour qu'on
ne découvrît rien de cette passion étrange qu'elle a
fini par cacher le produit de ses vols dans l'intérieur d'un canapé, à l'abri de toute investigation.
C'est elle-même qui a indiqué sa cachette au commissaire de police quand celui-ci est venu perqui-
sitionner.

X

Aux hystériques dont nous venons de parler, nous réunirons, comme nous l'avons dit plus haut, dans une sorte de sous-groupe, un certain nombre de délinquantes dont l'équilibre cérébral se trouve ébranlé à la suite des règles, de la grossesse, de la ménopause, c'est-à-dire aux divers moments critiques de l'existence féminine. Ce sont pour la plupart des héréditaires, des névropathes, des prédisposées qui subissent à un degré extrême la réaction habituelle du physique sur le moral. Les délinquantes de cette catégorie sont nombreuses, et nous devons reconnaître qu'il n'est pas toujours aisé de faire accepter qu'elles soient troublées dans leur équilibre au point de se laisser entraîner à des actes délictueux. C'est pourquoi il n'est pas inutile de présenter à leur sujet quelques observations caractéristiques. Trois de ces observations se rapportent à des femmes qui ont volé au moment des règles, les deux suivantes concernent des femmes grosses et les deux dernières, des femmes sur lesquelles l'influence de la ménopause se faisait sentir.

Voici d'abord les observations de nos trois délinquantes en période menstruelle :

Observation XXIII

La demoiselle A... est accusée de vol dans un
grand magasin. Elle a été surprise par un inspecteur de la maison au moment où elle emportait
dans un panier vingt-deux coupons de dentelle.
Conduite devant le commissaire de police elle a
déclaré spontanément qu'on trouverait chez elle
vingt-deux autres coupons de dentelle, volés par
elle dans les mêmes conditions quelques jours auparavant. Elle fait donc les aveux les plus complets.

Ce qui frappe chez elle c'est qu'elle paraît beaucoup moins honteuse de la faute commise qu'en-
nuyée de ses conséquences. Et en effet quand on
lui demande d'expliquer comment elle, jeune fille
jusque-là irréprochable, a été amenée à commettre
un acte si contraire à ses principes, à ses mœurs, à
son éducation, elle répond ce que tant d'autres ont
répondu avant elle :« La tentation a été trop forte.
En présence de ces dentelles j'ai perdu la tête et
j'en ai mis dans mon panier autant qu'il a pu en
contenir ; s'il eût été plus grand j'en aurais mis
davantage. C'était une folie, une frénésie...» Et elle
ajoute que ce vol est de sa part d'autant moins
compréhensible qu'elle ne porte jamais de dentelles, qu'elle n'est pas coquette, qu'elle vit avec son

père de la façon la plus modeste, travaillant tout le jour, sortant à peine le dimanche. Elle n'a donc que faire de ces fanfreluches. « Et cependant, répète-t-elle, c'était plus fort que moi. Rien ne m'eût empêché de les prendre. »

Notons tout d'abord que Mlle A... porte le poids d'une lamentable hérédité. Sa grand'tante maternélle a été aliénée ; sa grand'mère du même côté était une simple d'esprit ; sa mère est actuellement enfermée à l'asile de N... ; une sœur l'est également, et un frère est au moins débile. Pour son malheur, elle ressemble beaucoup à ce frère ; bien qu'elle ait vingt-huit ans, elle pense, elle raisonne, elle s'exprime encore comme un enfant. Au besoin elle met à nu ses sentiments les plus intimes avec une telle naïveté, une telle franchise qu'on se demande si elle a bien conscience de ce qu'elle ose dire.

Elle ne paraît pas avoir fait de maladies graves dans l'enfance, mais elle s'est formée tard (dix-huit ans) et avec beaucoup de peine. Extrêmement faible, toujours prête à se trouver mal, elle a semblé pendant plusieurs mois ne plus savoir exactement ce qu'elle faisait.

La menstruation chez elle ne s'est jamais convenablement établie. Ses époques sont irrégulières et toujours accompagnées d'accidents nerveux : ce sont des maux de tête, des spasmes, des douleurs aiguës en différents points du corps, mais, par-dessus tout, un état d'éréthisme qui la dispose à toutes les sottises, à toutes les violences : « Quand je suis dans mes règles, dit-elle, il ne faut pas qu'on

me contredise ou qu'on me tourmente : je ne me
contiens plus. »

Il est — on le sait de reste — des femmes qui
au moment des règles ou pendant la grossesse ne
diffèrent des véritables folles qu'en ce qu'elles ont
conscience des actes extravagants qu'elles commettent, sans pouvoir d'ailleurs les réfréner, et
qu'elles les commettent, non pas sous l'influence
d'un délire, mais sous l'influence d'une passion
momentanément et maladivement exagérée.

Tel est le cas de Mlle A....

Elle a volé à deux reprises : la première fois
c'était à la fin d'une époque menstruelle, la
seconde fois au début de la suivante. Lors du premier vol, elle était allée au grand magasin pour
acheter divers objets dont elle avait besoin.
Passant près des coupons de dentelle, elle ne put
résister à la tentation qui tout à coup l'assaillit et
elle en prit quelques-uns.

D'ordinaire les voleuses, même lorsque c'est la
maladie qui les pousse, courent se blottir chez
elles, trop heureuses de n'avoir pas été surprises.
Elle aussi rentre bien chez elle, mais c'est pour y
déposer rapidement les objets volés et revenir sans
plus tarder à ces dentelles qui l'ont fascinée, — et
cette fois elle en prend autant que ses bras peuvent
en porter.

Lors de son second vol elle a pris vingt-deux
coupons d'un seul coup, et probablement elle serait
comme la première fois revenue à la charge si un
inspecteur n'avait mis un terme à ces opérations
délictueuses.

Elle ne cache pas que dans l'intervalle qui a
séparé les deux vols, l'obsession des coupons de
dentelle ne l'a pas quittée ; mais elle a eu pendant
ces quelques semaines la force de se maîtriser. Il
a fallu qu'une nouvelle époque arrivât, amenant
avec elle les troubles habituels pour qu'elle passât du désir à l'acte.

OBSERVATION XXIV

Mme U... est une femme de trente-neuf ans, qui,
à l'âge de douze ans a été atteinte d'une fièvre typhoïde grave, d'où elle est sortie, comme cela
arrive souvent, profondément déséquilibrée. La
formation, qui se fit chez elle à quatorze ans, fut
très douloureuse. Deux ans après, elle se mariait et
depuis lors chaque époque menstruelle est accompagnée, précédée ou suivie d'accidents pathologiques plus ou moins graves.

Depuis quinze ans, à la suite de plusieurs
fausses couches et d'une maladie de la matrice, ces
accidents, surtout du côté des centres nerveux, ont
pris un caractère inquiétant. Très peu équilibrée et
très peu raisonnable à l'ordinaire, elle perd tout à
fait la tête au moment des règles. Ce n'est plus alors
simplement une femme particulièrement émotive
et nerveuse, c'est une extravagante, une folle. Tout
l'irrite, elle entre dans des colères épouvantables
à propos de rien, elle veut jusque dans ses caprices
les plus absurdes être satisfaite à l'instant, elle
bouscule et frappe ses domestiques que son mari

ne retient à son service qu'à prix d'or ; elle brise
ou jette par la fenêtre ce qui lui tombe sous la
main. C'est ainsi qu'il n'y a pas longtemps, elle
s'est débarrassée d'une paire de boucles d'oreilles
en diamant.

Les calmants qu'on lui prodigue en ces moments
difficiles n'ayant aucune action sur elle, son mari
n'a d'autres ressources que de la tenir enfermée
et de lui servir de garde-malade, évitant autant qu'il
peut qu'aucun domestique ne pénètre auprès de sa
femme, mais n'arrivant pas toujours à se préser-
ver lui-même des effets désagréables de cette
excitation maladive. Une boisson dont la tempé-
rature n'est pas à la convenance de Mme U..., un
mot malencontreux prononcé devant elle, un désir
trop lentement satisfait : c'en est assez pour
amener des explosions de colère qui dépassent
toute mesure .

Le 31 décembre dernier, jour où elle a commis
les actes qui lui sont reprochés, elle se trouvait
en pleine crise. Son mari crut pouvoir s'absen-
ter quelques instants pour aller acheter des objets
destinés à des cadeaux de jour de l'an, et elle en
profita pour s'évader — s'évader est le mot propre.

Cette femme, qui, fort riche, n'a jamais fait son
marché elle-même et qui ne mange jamais de poisson, s'empare subitement du filet de sa cuisinière
et se sauve en déclarant qu'elle va aux Halles —
où elle n'a jamais mis les pieds — acheter un
poisson. Elle passe devant un grand magasin dont
elle est une des plus sérieuses clientes, s'y précipite, saisit ostensiblement deux *peignes* et un *lacet*

de corset et se dirige vers la sortie. Sur le seuil elle est arrêtée.

Quand on lui demande ce qu'elle a éprouvé durant cette expédition bizarre ; comment elle a été poussée à sortir subitement de chez elle ; quelle idée l'a prise d'entrer dans un magain où elle n'avait rien à faire, elle déclare ne se souvenir de rien et être incapable de répondre. Tout ce qu'elle peut dire, c'est que le lendemain, il lui semblait qu'elle avait rêvé.

OBSERVATION XXV

Mme D... est fille d'aliénée et par là même se trouve prédisposée aux troubles mentaux. Comme antécédents personnels elle accuse une fièvre typhoïde à douze ans et des troubles méningitiques à quatorze. Les suites de cette dernière maladie n'auraient disparu qu'à sa formation : « Les règles l'ont sauvée », disait-on autour d'elle. Mais la menstruation, d'ailleurs difficile, amena, comme cela n'est que trop fréquent chez les héréditaires, tout un cortège de symptômes nerveux, et en particulier des céphalées cataméniales extrêmement pénibles qui, pendant plusieurs années, l'obligèrent souvent à demeurer une semaine entière au lit.

Mariée à dix-neuf ans elle eut cinq enfants... Ces couches successives n'étaient assurément pas faites pour améliorer son état nerveux ; cependant si cet état s'est à la longue tant aggravé, c'est

beaucoup moins aux fatigues de la maternité qu'il
faut s'en prendre qu'aux difficultés matérielles
contre lesquelles elle s'est débattue depuis vingt
ans. Chez une névropathe héréditaire comme
Mme D..., il n'en a pas fallu davantage pour déterminer à la longue un état voisin de la folie et chan-
ger en trouble mental ce qui n'était d'abord que
trouble nerveux.

Les céphalées cataméniales dont elle souffrait
autrefois sont aujourd'hui de moindre durée et ne
l'obligent que rarement à garder le lit, mais elles
s'accompagnent de parésie de la langue et des bras
et surtout d'une excitation cérébrale qui tant
qu'elle dure fait d'elle une folle. Elle pleure et rit
sans motif. Elle oublie ce qu'elle doit faire ou
ce qu'elle vient de faire, ne comprend plus ce qu'on
lui dit, éprouve un besoin de déambulation que
rien ne calme et — chose plus grave, — elle est en
proie à de véritables hallucinations : elle voit des
précipices qui l'attirent et elle s'entretient avec
des interlocuteurs imaginaires. Dans ces moments,
elle est impuissante à se contenir, elle a un air
égaré, ne supporte ni mari ni enfants, fait des
scènes abominables à tout son monde, déclare
qu'elle en a assez, qu'elle va partir, et, si par
hasard le moment est venu de se mettre à table,
elle bouscule ou brise tout. Dans ces périodes
d'excitation elle s'élance dehors et court vers
tout ce qui la sollicite. Elle va et vient en dix
endroits différents dans la même journée et
n'exprime qu'un regret : c'est de ne pouvoir être
partout à la fois. C'est alors qu'elle vole. Quand

elle passe devant un étalage et qu'elle y voit des
objets dont elle a besoin, c'est plus fort qu'elle,
dit-elle, il faut qu'elle s'en empare. Elle sait parfaitement que si elle sort en pareil état elle va commettre quelque sottise et comprend non moins
bien qu'elle devrait s'enfermer chez elle. « Mais
comment faire pour ne pas sortir », s'écrie-t-elle
en pleurant de rage.

Les deux délinquantes suivantes étaient en état
de grossesse.

OBSERVATION XXVI

Hortense L... est une femme de quarante ans,
chétive, malingre, à la figure ravagée, à laquelle
on donnerait volontiers plus de cinquante ans. Elle
est actuellement enceinte de plusieurs mois.

Elle a trop peu connu ses parents dont le dernier
est mort quand elle atteignait l'âge de huit ans,
pour pouvoir nous renseigner sur leur compte ;
mais nous savons qu'elle a une sœur aliénée à
l'asile d'Évreux. Il ne faudrait donc pas s'étonner
qu'elle fût elle-même prédisposée aux accidents
cérébraux.

Elle n'a pas fait de maladies graves, mais elle a
eu un très grand nombre d'enfants ; elle porte en ce
moment le onzième.

Le cours de tant de grossesses n'a été, au dire de
la prévenue, troublé que deux fois, et deux fois de

la même façon — par des accidents non pas uté-
rins, mais mentaux. Dans les deux cas elle aurait
été sujette à des désirs irrésistibles de prendre les
objets à sa convenance. C'est pendant sa seconde
grossesse qu'elle fut assaillie pour la première fois
d'impulsions de ce genre. Elle affirme n'y avoir
jamais succombé, bien que plus d'une fois elle ait
été en proie à de terribles anxiétés. Elle se rappelle
qu'un jour, allant aux provisions, elle fut tentée
par *une pomme* au point de revenir plusieurs fois
à la charge, et qu'elle dut de ne pas voler uniquement à la crainte d'être aperçue. Au cours des grossesses suivantes, elle n'aurait plus rien éprouvé de
semblable. Mais, depuis qu'elle est grosse de nouveau, elle se trouve pour la seconde fois en proie aux
mêmes impulsions délictueuses. Elle a succombé à
l'une d'elles après avoir, assure-t-elle, résisté à
nombre d'autres. Elle prend d'ailleurs ses précautions ; dès qu'un objet la tente, elle se sauve en
toute hâte. Le 5 août, une robe d'enfant de 3 fr. 90 à
l'étalage de Pygmalion l'a comme fascinée. Trois
fois elle s'est éloignée et trois fois elle est revenue.
Finalement elle a pris l'objet.

OBSERVATION XXVII

Mme Y... jouit d'une certaine aisance et peut se
passer plus d'une fantaisie. C'est une femme de
trente et un ans, bien constituée, sans antécédents
héréditaires mais non sans antécédents personnels,
car elle a été éprouvée à l'âge de vingt-trois ans par

une fièvre typhoïde grave. Elle est indemne de
toute maladie nerveuse proprement dite, mais elle
est émotive, excitable, prompte à la colère. Mariée
jeune, elle a eu plusieurs enfants et jusqu'ici les
grossesses s'étaient passées sans mésaventure d'aucune sorte.

C'est au cours de sa grossesse actuelle que le
30 décembre dernier, elle a pour la première fois
commis un vol dans un grand magasin. Laissons-
la nous exposer elle-même dans quelles circonstances et sous l'influence de quel mobile elle a agi.

Elle fut ce jour-là au Bon-Marché pour acheter
les étrennes que lui offrait son mari. Arrivée au
comptoir de la bijouterie, elle fit choix d'un bracelet, et accompagnée de la vendeuse se rendit à la
caisse pour payer. Mais tout en payant, elle ne pouvait, dit-elle, détacher ses yeux de la vitrine qu'elle
venait de quitter. Une broche en argent doré s'y
trouvait, qui la tentait au dernier point. Non que
l'objet fût de grand prix, il était au contraire de
minime valeur. Mais pour des raisons dont elle-
même ne se rend pas compte, c'était justement sur
cet objet de peu de prix entre beaucoup d'autres
plus désirables que son envie — et une envie folle
— s'était portée. Durant sa station à la caisse elle
ne le quitte pas des yeux, comme si elle craignait
qu'on ne vînt le lui enlever, et sitôt le bracelet
payé, elle ne prend que le temps de fendre la
foule pour revenir près de l'objet convoité. « Sans
aucune réflexion, sans autre sentiment qu'un profond sentiment de joie, dit-elle, je m'en suis saisie,
et j'ai tenté aussitôt de l'attacher à mon corsage.

Mais le ressort fonctionnait mal et ne pouvant arriver à mes fins j'ai mis l'objet dans ma poche. Puis sans y penser davantage, j'ai regagné lentement la rue. » C'est dans un bureau d'omnibus voisin qu'un inspecteur est venu l'arrêter. Elle prétend qu'à ce moment elle avait complètement oublié ce qui venait de se passer, il a fallu pour l'en faire souvenir qu'on l'accusât d'avoir volé ou tenté de voler des porte-monnaie — ce qu'elle affirme être inexact et ce qui n'a été d'ailleurs nullement prouvé. L'inspecteur ne l'avait pas vu prendre la broche, et c'est elle-même qui se dénonça.

Poursuivons et achevons cette série par deux observations, prises entre nombre d'autres, de délinquantes dont les facultés sont troublées par la ménopause.

Observation XXVIII

Mme M... a volé une paire de chaussons à l'étalage extérieur d'un grand magasin. C'est la femme d'un riche cultivateur de province qui, pour les besoins de sa maison, vient de temps en temps à Paris. Elle prétend avoir été victime d'un moment d'absence, et tout porte à penser que son allégation est vraisemblable.

L'inculpée qui est de souche névropathique a été sujette depuis l'enfance à des accidents nerveux. Ce furent d'abord des crises hystériques qui ne la

quittèrent, vers l'âge de dix-sept ans, que pour
céder la place à des céphalées cataméniales si pénibles qu'elle dut depuis lors pour les calmer user
périodiquement de morphine. Elle a aujourd'hui
cinquante ans, la ménopause est venue, et si les
accidents dont elle souffre aujourd'hui ne sont plus
les mêmes qu'autrefois, ils ne sont pas moins pénibles.

Elle a cessé *de voir* d'une façon régulière depuis
environ quatre ans; mais elle a été sujette, jusqu'en
ces derniers mois, à des pertes énormes qui momentanément l'affaiblissent, et, d'autre part, la cessation
du flux menstruel a provoqué chez elle des accidents congestifs du côté du cerveau dont l'influence
sur ses actes et sa manière d'être habituelle est in-
déniable. Cinq à six fois par jour, elle a suivant
son expression des montées de sang vers la tête.
Elle devient rouge, ses veines se gonflent, ses yeux
s'injectent, et pendant quelques instants elle est
comme étourdie et ne sait plus ce qu'elle fait. Depuis deux ans au moins, nous dit son mari, elle
n'est plus la même. C'est une femme émotionnable
à l'excès, qu'un rien agace, qui ne peut plus endu-
rer personne auprès d'elle, qui en est arrivée à
se passer de domestique pour ne plus avoir à ses
côtés une cause perpétuelle d'irritation, qui ne se
contient pas plus devant les étrangers que devant
ses propres parents. Elle-même a conscience de ce
qu'il y a de maladif dans son état moral et elle s'en
lamente. Elle se sent d'autant plus malheureuse,
qu'habituée autrefois à une vie des plus actives,
elle se voit aujourd'hui réduite par la souffrance
à une existence inactive et sans objet.

Son attitude pendant le long entretien que nous
avons eu avec elle a été des plus caractéristiques.
Bien qu'elle eût toute raison de se montrer con-
fiante à notre égard et de nous aider dans notre
tâche autant qu'il était en son pouvoir, il a fallu
lui arracher en quelque sorte les réponses 'et les
confidences.Nous avons rarement rencontré femme
plus maussade.On eût dit qu'elle ne se soumettait à
notre examen que contrainte et forcée. Sa physionomie révélait un sentiment d'ennui, de préoccupation et de souffrance tout à fait curieux.
C'est à peine si nous avons osé aborder avec elle
l'objet même de l'inculpation : au premier mot
de vol , nous avons eu devant nous une femme
révoltée qui nous a imposé silence.

Observation XXIX

Au mois d'octobre 1896, Mme N... abandonnait,
après fortune faite, un commerce de chapellerie
qu'elle exerçait depuis quarante ans dans une boutique sombre du quartier du Temple et allait s'ins-
taller dans un confortable logement de l'avenue de
Villiers. Elle croyait avoir réalisé son rêve, elle ne
tarda pas à déchanter. Habituée à la vie la plus
active elle se trouvait jetée tout à coup dans une
inactivité absolue et s'ennuyait mortellement.
N'ayant que la promenade pour toute distraction,
elle erra d'abord de droite et de gauche, puis, pour
ne pas toujours marcher sans but, elle se mit à fré-
quenter les grands magasins, le Louvre en particu-

lier. Tout d'abord elle n'y chercha que le plaisir de
se trouver au milieu des belles choses et du beau
monde, et elle en jouit pleinement ; mais peu à peu
ce plaisir des yeux fit place à un sentiment qui la
surprit elle-même : il ne lui suffit plus de voir, elle
eût voulu posséder. Une étrange convoitise s'empara d'elle. Tout l'attirait et la retenait. Dès qu'elle
pouvait s'"échapper de chez elle, elle courait au
Louvre et là elle se délectait des heures entières à
se sentir à la fois chatouillée dans ses désirs et
assez forte pour leur résister.Le jeu cependant était
dangereux. De même qu'elle avait passé d'un plaisir des yeux fort innocent à la convoitise, il y avait
bien des chances pour qu'elle passât tôt ou tard de
la convoitise au vol. C'est ce qui arriva. Elle flirtait
ainsi depuis un an avec le grand magasin quand à
quelques symptômes elle sentit venir le péril. A
partir d'un certain moment, les tentations devinrent si fortes qu'elle était à chaque visite obligée de
faire acte sérieux de résistance. Elle dut lutter pour
ne pas prendre. Mais cette lutte même ne lui était
pas désagréable. Non seulement elle ne la redoutait
pas, mais elle y allait comme à une fête. Un jour
malheureusement il arriva qu'une dame déroba un
objet sous ses yeux, et ce fut assez pour qu'elle fai-
blît à la première tentation qui se présenta.

D'ordinaire ce premier vol de la femme honnête
qui succombe aux terribles sollicitations du grand
magasin a chez elle des suites morales extrêmement pénibles. Elle fuit, elle se fait honte à elle-
même, elle ne sait si elle doit garder ou restituer,
elle est déchirée de remords — ce qui ne l'empê-

che pas d'ailleurs de recommencer le lendemain.
Rien de semblable chez Mme N... L'émotion qui
s'empara d'elle au moment du vol fut délicieuse :
elle ressentit — c'est elle qui parle — *un tres-*
saillement voluptueux de la tête aux pieds et com-
me un coup de fouet dans les reins. A vrai dire, le
plaisir ne survécut pas à la possession. Une fois l'objet en poche, elle n'y pensa plus et il fallut qu'un
autre désir s'éveillât en elle pour retrouver les
mêmes sensations.

A partir de ce moment il lui sembla qu'une lutte
courtoise s'établissait entre elle et le magasin, elle
cherchant à prendre, et lui s'appliquant à l'en empêcher. A chaque objet qu'elle dérobait sans encombre, c'était comme une victoire remportée. Et
les victoires se sont succédé ainsi presque sans in-
terruption pendant deux mois. Il est rare, dit-elle
elle-même sans la moindre honte, qu'elle n'ait
soustrait quelque chose toutes les fois qu'elle a été
seule au Louvre.

Le jour où elle s'est laissé prendre — trop encouragée sans doute par tant de précédents favorables
— elle a circulé audacieusement au milieu des
comptoirs et a pris un peu partout : « J'étais comme
dans un rêve » — ce sont ses propres expressions.
« Il y a des rêves où l'on se croit maître de tout et où
l'on prend tout ce qui est à sa convenance. C'était
là ce qui m'arrivait. »

A-t-elle du moins aujourd'hui le sentiment de sa
situation, la honte et le remords de ce qu'elle a fait,
la conscience du danger qu'elle court ? Dire qu'elle
n'entrevoit pas les conséquences de l'accusation qui

pèse sur elle serait aller bien loin ; elle les entrevoit certainement ; mais en vérité ce n'est là que le
moindre de ses soucis. Ce qui la tourmente, ce qui .
lui étreint le cœur, c'est que depuis qu'elle a été
arrêtée elle ne retourne plus à son bien-aimé magasin. Tout ce qui faisait le charme, l'enchantement
de sa vie a disparu. Elle est devenue un corps sans
âme. Et en nous faisant ces étranges confidences
elle ne peut s'empêcher de pleurer, non moins dé-
sespérée d'avoir perdu ce qui faisait son bonheur
qu'alarmée d'avoir pu rechercher de semblables
joies : « Qui m'ôtera donc, dit-elle, de pareilles
idées ? »

Les causes qui ont déterminé chez l'inculpée
un pareil état mental sont des plus simples et des
plus nettes.

Mme N... a atteint il y a quatre ans l'âge de la ménopause, et tout son être s'en est ressenti. Elle
accuse des étourdissements, des poussées congestives vers la tête, des palpitations de cœur, de l'insomnie, des cauchemars nocturnes, en un mot
tous ces accidents de la circulation et des nerfs que
la ménopause entraîne si souvent après elle. Conséquence inévitable, son intelligence a baissé, et elle
a perdu de son énergie morale en même temps que
de sa vigueur d'esprit. Elle n'a plus de mémoire
et elle n'a plus de volonté. Elle est impressionnable, inquiète, indécise. Le passage trop subit d'une
vie active à une vie trop inoccupée a achevé
d'ébranler ses facultés.

CHAPITRE III

INTERPRÉTATION DES FAITS
ET CONCLUSIONS MÉDICO-LÉGALES

I

J'arrête ici cette revue des malades qui volent dans les grands magasins. Je n'ai pas, bien entendu, la naïveté de croire qu'elle soit complète ; j'ai très probablement oublié plus d'un cas et j'en ai systématiquement omis plusieurs, tels que ceux de l'alcoolique, de la morphinique, etc. Si je me suis abstenu, c'est d'abord que ses cas sont plutôt rares ; c'est ensuite qu'ils sont le plus souvent liés à d'autres causes plus importantes, à l'hystérie surtout ; c'est enfin que ces malades-là ne volent pas d'ordinaire que dans les grands magasins : l'alcoolique volera au premier étalage venu, et la

morphinique, qui vole pour se procurer de la morphine, butine où elle peut. J'ajoute que dans cette
revue, tout en esssayant de diviser et de classer, je
n'ai pas la prétention d'avoir fait des divisions et
un classement irréprochables. Comme je l'ai dit en
commençant, il est difficile de diviser et de classer
avec quelque précision des cas où se trouvent le
plus souvent associées des causes multiples, dont
la dominante n'est pas toujours aisée à saisir.

Cela dit, abordons la dernière partie de ce travail, à savoir le chapitre des interprétations et des
conclusions médico-légales, deux questions trop
intimement liées l'une à l'autre pour que nous
puissions les traiter séparément.

Mes lecteurs n'ont certainement pas attendu que
j'en sois là pour faire déjà, en nombre de cas, l'interprétation qui convient et appliquer la solution
judiciaire qui en découle. Tout le monde comprend,
en effet, sans qu'il soit besoin pour cela d'entrer
dans de longues explications, comment une imbécile, une démente, une délirante sont poussées à
voler sans avoir conscience de leurs actes et ne sauraient, par conséquent, en être tenues responsables.
En principe, ces cas-là se résolvent pour ainsi dire
d'eux-mêmes : c'est dans l'application que les diffi-

cultés se présentent, et je conviens qu'elles sont parfois grandes, comme nous le verrons dans un instant. Mais à côté de ces cas relativement simples se
placent les cas beaucoup plus nombreux où l'on a
affaire à des malades qui ne présentent — au moment du moins où on les examine — aucun signe
d'affaiblissement ou de trouble mental et semblent
en état de se garder aisément de toute action délictueuse, alors même qu'au point de vue de la santé
physique elles laisseraient plus ou moins à désirer.
C'est le cas des neurasthéniques, des hystériques
et aussi de cette nombreuse catégorie de femmes
sous le coup d'accidents purement physiologiques.

Nous parlerons brièvement des premières, plus
longuement des autres ; mais tout d'abord et afin
de bien préciser le sujet, nous devons rappeler
que nos voleuses n'évoluent pas en un milieu ordinaire ; qu'elles ne sont point exposées quand elles
circulent dans un grand magasin de la même façon
qu'elles sont exposées partout ailleurs ; qu'elles y
ont à répondre à des excitations , à des sollicitations
qu'on ne rencontre que là.

Si toutes les femmes étaient également douées
pour résister aux tentations quelconques, le fait
que nous signalons importerait peu : il suffirait

que l'une d'elles résistât pour que toutes dussent résister. Mais on sait bien qu'il n'en est pas ainsi et que de très grandes différences existent dans la mesure où chaque femme est maîtresse d'elle-même. Or il arrive qu'un certain nombre de femmes, accidentellement ou constitutionnellement malades, sont pourvues par là même de fort peu d'énergie morale. Elles sont souvent capables de surmonter la tentation dans les cas ordinaires. Mais que cette tentation devienne très forte, et l'équilibre étant rompu, la tentation l'emportera.

Qu'on me permette une comparaison. Ceux qui suivent les tables de mortalité n'ignorent pas que certaines époques de l'année, certains mois, sont plus particulièrement frappés. Or, quels sont ceux qui meurent à ces moments-là ? Les gens affaiblis, les êtres d'une vitalité moindre, ceux qui physiquement sont peu résistants. Il y a là deux facteurs : d'un côté l'individu avec sa résistance propre et de l'autre le milieu avec ses conditions plus ou moins favorables à la conservation de la vie. Que ces conditions ambiantes s'amoindrissent, que l'équilibre soit rompu entre elles et la force de résistance de l'individu, et celui-ci disparaît, souvent sans autre cause appréciable que cette altération dans les conditions plus ou moins mystérieuses du milieu.

Rien à notre avis ne ressemble davantage à ce qui se passe à propos de certaines femmes dans les grands magasins. Elles trouvent là un milieu où ce qu'elles possèdent de résistance morale n'est plus de force à les défendre, alors que dans tout autre elles se défendent avec succès.

Il est impossible de passer quelques heures dans l'un de ces établissements monstrueux, — fût-on le plus solidement constitué du monde, — sans y éprouver une sensation toute particulière d'énervement, de lassitude physique, d'étourdissement. La vue, l'ouïe, l'odorat, c'est-à-dire les plus délicats de nos sens, se fatiguent rapidement au milieu de cette foule grouillante, bruyante, odorante, et on a beau rester en place ou ne faire que très peu de chemin, on est très vite las. Et s'il en est ainsi pour l'homme, que doit-ce être pour la femme en général et pour la femme malade en particulier ? Mais il y a plus. Il faut encore tenir compte chez la femme des sollicitations multiples qui l'assaillent, et qui, par leur nombre, leur variété, leur intensité, ne tardent pas à produire — chez certaines tout au moins — un effet assez comparable à ce que produisent les liqueurs spiritueuses sur les cerveaux faibles. Cette *magasinite* —qu'on nous permette l'expression — n'est pour beaucoup, lorsqu'elle ne dépasse pas un certain degré, qu'une sensation agréable, telle que celle que peut procurer un verre de vin de champagne, mais pour d'autres, pour les malades, elle a parfois l'effet d'un verre de rhum ou d'absinthe. « La tête m'a tourné ;... j'ai perdu la tête ;... je me suis sentie tout étourdie ;... il me semblait que les objets venaient à moi... » Voilà les expressions que l'on entend de la bouche de toutes ces malheureuses prises au piège. Il en est d'ailleurs de ce poison particulier comme des autres. Il produit des intoxications subites, foudroyantes, comme de lentes et de graduelles. Telle femme vole dès sa première visite au grand magasin, comme si elle était saturée du premier coup ; d'autres n'éprouveront l'effet fatal qu'au bout de longs mois, après être revenues chaque jour absorber une dose nouvelle, comme ces gens qui ne croient rien faire de dangereux en prenant quotidiennement leur petit verre de cognac et qui un beau jour se réveillent alcooliques.

Vouloir interpréter les vols de malades dans les

grands magasins sans tenir compte non seulement de leur défaut de résistance mais encore de cette griserie spéciale qu'elles trouvent dans ce milieu exceptionnel serait une tâche absurde. Mais ces deux conditions une fois réunies, l'explication surgit d'elle-même.

Examinons d'abord les cas les plus simples et voyons ce qui, non en théorie, mais en pratique, offre, quand ils se présentent, quelque difficulté.

II

Ces cas simples sont ceux de la faiblesse d'esprit, de la démence ou du délire. En théorie, rien n'est plus facile à interpréter que le vol d'une faible d'esprit, d'une démente ou d'une folle. La femme qui n'a pas assez de raison pour se diriger dans les circonstances habituelles de la vie, celle dont la raison est devenue, par suite de l'âge ou d'événements divers, insuffisante, celle enfin dont la raison est troublée sont des êtres naturellement exposés à subir toutes les tentations qui les sollicitent et à qui on ne saurait légitimement demander compte des vols qu'ils sont aptes à commettre. Mais tout cela ne vaut que pour les cas les plus tranchés, et dans la pratique ces cas sont rares. L'imbécile, la démente, la folle caractérisée ne se rencontrent guère parmi les voleuses de grands magasins parce que ce sont là des malades ou des infirmes que l'on n'a garde d'ordinaire de laisser libres, et si elles volent ce n'est pas uniquement dans le grand magasin.

Ce qu'on rencontre parmi les voleuses de grands magasins, ce sont des débiles plutôt que des imbéciles ; des femmes sur la voie de la démence plutôt que de vraies démentes ; des délirantes au délire très limité ou dont le délire n'est pas incompatible avec une vie libre et relativement raisonnable. Toutes ces femmes-là ne volent que dans le grand magasin parce que, si faibles, si affaiblies ou si troublées qu'elles soient, elles gardent cependant en présence de tentations ordinaires assez de puissance sur elles-mêmes pour résister : il faut que la tentation devienne exceptionnelle pour qu'elles succombent.

Convenons qu'il y a de ce fait d'indéniables difficultés dans l'application. Dans quelle mesure faut-il être faible d'esprit, démente ou délirante

pour être excusable ? Et comment peser de pareils
états d'esprit ? Avons-nous un phrénomètre ? Avons-
nous seulement des signes certains qui permettent
de dire : Celui ou celle-là est faible d'esprit, ou est
en voie de démence ?

Cette difficulté se retrouve à chaque pas en médecine légale, et la résoudre est affaire de coup d'œil
et de pratique. Cependant de ces divers cas le plus
difficile est encore celui du faible d'esprit. Entre
l'être le mieux constitué au point de vue mental et
l'imbécile ou l'idiot les degrés sont si nombreux !
Où finit l'homme raisonnable ? Où commence l'insuffisant mental ? L'examen direct peut évidemment fournir quelques résultats, mais c'est surtout
à l'enquête sur la vie entière de la personne qu'il
faut recourir. Cette enquête nous éclairera mieux
sur sa capacité mentale que tous les interrogatoires
du monde. Les actes à cet égard sont meilleurs
juges que les discours. Telle personne qui lorsqu'on
l'interroge paraît, au point de vue intellectuel,
n'être pas très inférieure à la moyenne, n'a cependant fait que des sottises toute sa vie.

Le degré d'infériorité mentale déterminera, cela
va sans dire, la conduite à tenir envers cette catégorie d'infirmes. Il y aura lieu d'être d'autant plus

indulgent que l'inculpée se rapprochera davantage de l'imbécile. Pour notre part, nous ne verrions aucun inconvénient à ce que la voleuse qui n'est que faible d'esprit ne fût pas dans tous les cas traitée en irresponsable. L'application de là loi de sursis, en mitigeant ce qu'une condamnation ferme aurait d'excessif, est très capable de remplir le but désirable par la menace perpétuelle qu'elle contient. Le faible d'esprit est un infirme qui a souvent besoin d'être soutenu, et la crainte du châtiment est loin d'être sans action sur lui. Pourquoi négliger un tel moyen ?

Nous sommes beaucoup plus à l'aise avec l'inculpée en voie de démence qu'avec l'inculpée faible d'esprit. Non pas que la démence au début soit toujours aisée à démasquer, qu'elle vienne de la sénilité, du ramollissement ou de la paralysie générale ; mais une fois le diagnostic établi, la question de degré n'importe guère. Encore bien que l'inculpée soit capable de répondre de manière sensée sur nombre de points, est-il possible de déterminer si, tel jour, à telle heure, son esprit était aussi lucide ? Le propre de la démence, au moins à ses débuts, est de varier d'un jour à l'autre dans ses manifestations. La même personne sem-

blera aujourd'hui en pleine possession de ses facultés, et demain elle ne dira que des absurdités et ne
fera que des sottises. Je parle ici surtout de la
démence du vieillard et de la démence du ramolli.
Car la démence liée à la paralysie générale mérite
une note à part. Non seulement le ou la paralytique
ne se présente pas nettement au début comme une
affaiblie, mais elle fait souvent l'illusion d'une
personne dont la puissance mentale s'est accrue.
L'imagination est plus riche, la mémoire plus
active et plus précise, la parole plus abondante,
et tout cela avec un besoin d'activité physique qui
a toute l'apparence d'un excès de santé. Mais, au
milieu de cette surabondance de vie, la malade
laisse toujours échapper quelques traits qui mar-
quent l'affaiblissement mental et auxquels un
médecin exercé ne se trompe pas. Ici encore il
importe de n'être pas le jouet d'une illusion.

Une fois le diagnostic établi, si peu accusées que
soient les manifestations démentielles, je ne crois
pas qu'il soit possible de faire autrement que d'ac-
quitter les coupables, sauf à examiner dans les cas
graves si elles peuvent trouver chez elles une surveillance convenable ou si la maison de santé doit
se charger de cette surveillance. A moins de tomber

13

en effet dans des subtilités indignes de la justice, il ne me paraît pas utile de peser ce qu'il peut rester de lucidité et de conscience chez des malades dont la lucidité et la conscience vont aller en s'affaiblissant chaque jour pour aboutir dans un temps plus ou moins prochain à la ruine totale de l'intelligence. Ce paralytique si brillant en apparence, quand on l'observe au début de son affection, n'est en réalité qu'un condamné à mort. Et puisque la maladie se charge de la peine à quoi bon des mois de prison ?

Le cas de la délirante est peut-être le moins embarrassant de toute cette catégorie de malades atteintes dans leur intelligence. On conçoit sans peine qu'une folle ne saurait être maîtresse d'elle-même et ne peut, par conséquent, être tenue pour responsable de ses actes. On peut néanmoins soulever, et on a soulevé la question de savoir si la solution ne doit pas être différente suivant que l'acte délictueux est commis sous l'influence directe du délire (c'est le cas de la malade qui vole parce que des voix lui ordonnent de voler ou parce qu'elle croit ainsi se venger de persécuteurs imaginaires) ou qu'il est indépendant du délire. Il semble que c'est encore là une discussion bien

subtile et bien oiseuse. Comment savoir jamais
dans quelle mesure un cerveau, si partiellement
troublé qu'il soit, est en situation de jamais diriger
convenablement l'individu et de lui imposer
à un moment quelconque une détermination
raisonnable ? Encore faut-il ne pas oublier que
le délirant, si peu actif que soit son délire, n'est
plus lui-même dès qu'il entre dans un grand magasin et qu'il y perd forcément le peu d'équilibre qui
lui reste.

III

Avec les neurasthéniques et les hystériques nous
abordons des catégories de voleuses dont les actes
sont singulièrement plus malaisés à expliquer que
ceux des folles ou des démentes. C'est là en réalité que se trouvent les véritables difficultés de
notre sujet. Car il ne s'agit plus seulement de difficultés de principe et de théorie. Rien n'est plus
simple que de saisir le rapport qui existe entre le
vol et le trouble ou l'affaiblissement de l'esprit,
mais rien ne l'est moins que de voir en quoi le vol

est relié à l'état mental de la neurasthénique
et de l'hystérique quand l'une et l'autre sont intelligentes et très capables par conséquent de comprendre ce qu'elles font. C'est cependant ce rapport qu'il importe d'établir.

Nous ne reviendrons pas sur ce que nous avons
dit dans un chapitre antérieur au sujet de ces deux
grandes affections, de la neurasthénie surtout, et
de la difficulté que rencontre le médecin à les faire
accepter du monde en général, et du monde judiciaire en particulier, toutes les fois qu'elles ne se
manifestent pas par des symptômes tellement
accusés qu'il est impossible de ne les pas voir. Il
n'est pas douteux que ce sont là des affections indé-
cises dans leurs contours, encore mal connues par
plus d'un côté et propres par conséquent à servir
des intérêts suspects ; si variées en même temps
dans leurs manifestations qu'il n'est pas une
femme souffrant de ses nerfs qui ne puisse prétendre avec quelque vraisemblance être atteinte de
l'une ou de l'autre de ces maladies. Mais quoi
qu'on puisse en dire, nous savons, nous médecins,
qu'elles existent, qu'elles ne sont même que trop
réelles, et sans nous préoccuper autrement de ce
qu'on pense à leur endroit, nous allons chercher à

expliquer comment d'une femme honnête elles peuvent faire une voleuse.

Neuf fois sur dix, la neurasthénique ou l'hystérique que l'on interroge est une femme intelligente, souvent même très intelligente, qui n'accuse dans sa conversation aucun désordre mental, qui raisonne bien, qui a une vue très claire de la fâcheuse situation où elle s'est mise et qui ne sait que se lamenter sur son sort. L'intelligence chez elle n'est donc pas atteinte. Le moral, au moins en ce qui concerne l'intensité des passions et des instincts, ne semble pas moins indemne. Elles se défendent d'être intéressées, coquettes, jalouses du bien d'autrui, elles se récrient au mot de voleuse, elles se révoltent à l'idée de l'accusation portée contre elles. On ne peut donc croire qu'elles ont péché par immoralité. Mais si l'intelligence d'un côté, le moral de l'autre ne sont pas en cause, à quoi donc attribuer l'acte ou les actes qu'elles ont commis, car plus d'une est récidiviste?

Nous ne pouvons ici nous dispenser, bien qu'il nous en coûte, de faire une courte incursion sur le terrain de la psychologie ou de la physiologie cérébrale pure, comme on voudra l'appeler, terrain bien incertain encore, malgré le nombre et la quantité des explorateurs.

Les métaphysiciens, dont nous ne médisons nullement, avaient constitué une psychologie subjective à l'excès, dans laquelle l'œuvre de l'imagination l'emportait vraiment trop sur celle de l'observation. Les physiologistes actuels faisant' table rase de toutes les constructions antérieures se sont jeté eux dans une voie tout opposée ; voie d'observation pure, dont on ne peut dire qu'elle a été complétement infructueuse, mais qui, jusqu'à présent n'a pas mené bien loin.

Les phénomènes supérieurs du cerveau, ceux qui concernent l'intelligence et le sentiment, ne sont guère, par leur nature, aisément accessibles à nos moyens d'investigation ; aussi ceux-là ont-ils été profondément délaissés par la physiologie expérimentale contemporaine qui ne s'est guère attachée jusqu'ici qu'aux phénomènes de la sensibilité et du mouvement, lesquels sont beaucoup plus mesurables que les autres. Commençons par le commencement, ont dit les savants, et avant d'étudier comment nous méditons et comment nous aimons, étudions d'abord comment nous sentons et comment nous réagissons. Au surplus, ajoutent beaucoup d'entre eux, est-il bien certain qu'il y ait dans notre appareil cérébral autre chose que des facultés

chargées de recueillir nos sensations et de diriger
nos mouvements ? Quand nous considérons qu'il
existe des facultés supérieures à celles-là ne nous
faisons-nous pas d'illusion ? Toutes nos conceptions mentales, comme toutes nos aspirations
sentimentales ne sont-elles pas *fonctions* de nos
sensations qui en se combinant de mille manières
produisent, fatalement en quelque sorte ce que
nous appelons pensée ou sentiment ?

. La formule des physiologistes actuels ne diffère
pas beaucoup, comme on voit, de celle de Condillac
et d'Helvétius, et elle ne diffère qu'en un point —
point capital il est vrai — de celle de Leibnitz.
Leibnitz avait bien dit : « *Nihil est in intellectu
quod non prius fuerit in sensu.* » Mais il avait eu
soin d'ajouter : « *Nisi intellectus ipse.* » Nos physiologistes ont retranché ce dernier membre de
phrase et, à les croire, l'intelligence comme le sentiment seraient uniquement ce que les sensations
les ont faits.

L'expérience proteste énergiquement contre une
pareille conception.

On sait à quel point peuvent différer les uns des
autres, tant au point de vue intellectuel qu'au point
de vue moral, des enfants issus d'une même sou-

che, élevés dans le même milieu, soumis à la même
éducation. Les uns seront des êtres calmes, les autres des êtres violents, les uns seront bons, les autres méchants, les uns seront intelligents, les autres
faibles d'esprit. Et comme ils sont ainsi dès le premier âge est-il possible d'admettre que c'est uniquement
le milieu et non l'hérédité qui les a faits
ainsi ? D'autre part, ne trouve-t-on pas la marque
directe de l'hérédité dans ce fait vulgaire de la
transmission de certaines qualités ou de certains
défauts d'une génération à l'autre, du père ou de la
mère aux enfants ? Et la différence si remarquable
qui existe quant à l'intelligence et au sentiment
entre les deux sexes, est-ce encore là un produit
des sensations ou un produit de la constitution cérébrale primitive ? Enfin si tout dépend de la sensation ne serait-il pas logique d'admettre que celui
qui emmagasine le plus de sensations doit être forcément le mieux doué intellectuellement et moralement ? Nous savons bien pourtant le contraire.

Bref, et pour ne pas prolonger une discussion qui
ne peut être ici qu'un hors-d'œuvre, nous dirons
que la sensibilité et le mouvement, dont les physiologistes actuels ont fait l'objet à peu près exclu-
sif de leurs études ne constituent, jusqu'à preuve

du contraire, qu'une partie des fonctions du cerveau et qu'entre ces deux extrêmes il existe toute une série de fonctions intermédiaires — intellectuelles et morales — dont il ne serait peut-être pas superflu de se préoccuper. Ce n'est pas connaître une maison que d'en connaître la porte d'entrée et la porte de sortie : il faut encore et surtout pénétrer dans l'intérieur. Les anciens psychologues avaient peut-être tort de se cantonner trop étroitement dans l'intérieur, mais les nouveaux ne sont pas mieux inspirés quand ils ne veulent en connaître que les vestibules.

A tout prendre, mieux vaudrait peut-être l'ancienne méthode que la nouvelle. C'est bientôt dit que d'affirmer que les psychologues spiritualistes n'ont fait que de la métaphysique. Il y avait assurément dans leurs livres moins de mensurations, de graphiques, de pesées, de statistiques que dans ceux d'aujourd'hui ; mais c'est plaisanter que de prétendre qu'il n'y a qu'imagination dans tout ce qu'ils ont dit au sujet des facultés de l'âme. Il est certain que faute de lier l'âme à un siège matériel — le cerveau, — et pour avoir négligé l'étude des rapports de cette âme avec le corps, ils ont été induits à commettre bien des erreurs, mais que

d'observations précieuses n'ont-ils pas amassées
sur ces facultés ! On peut discuter sur l'énumé-
ration qu'ils en ont donnée, mais c'est déjà
beaucoup que d'avoir affirmé que l'homme naît
avec des facultés déterminées, qu'il est dès le
premier jour, à des degrés divers, cupide, vani-
teux, bienveillant, apte à observer, à méditer, à
parler, énergique, prudent. Que la pratique de
la vie et la réaction du milieu modifient à la
longue la première constitution cérébrale, rien
rien n'est plus sûr, mais ce qu'il nous faut retenir,
c'est que nous naissons constitués cérébralement
d'une certaine manière et que par là chacun de
nous diffère plus ou moins profondément du
voisin.

Comme ce n'est évidemment pas ici le lieu
d'aborder la discussion de nos fonctions cérébrales,
nous nous contenterons d'admettre, avec tous les
vrais observateurs de la nature humaine, métaphysiciens ou non, et avec tous les aliénistes qui,
faisant de la pratique tout autant que de la théorie,
sont bien obligés de s'incliner devant la réalité,
qu'il y a au moins dans le cerveau trois parties distinctes : l'une qui donne l'impulsion — c'est le
sentiment sous toutes ses formes ; — une autre qui

observe et juge la situation et apprécie la convenance des actes — c'est l'intelligence; — une troisième enfin, sorte de pouvoir exécutif, qui réalise ce que l'instinct ou le sentiment réclame après délibération de l'intelligence — c'est le caractère ou l'activité (nous ne disons pas la volonté, parce que ce mot de volonté implique quelque chose de plus qu'une idée d'exécution; il y entre un élément moral et un élément intellectuel).

Tout acte raisonnable implique nécessairement le concours de ces trois parties. Que l'une ou l'autre soit lésée et la conduite de l'individu s'en ressentira. Cela dit, rentrons dans notre sujet.

Nous disions plus haut que, dans le cas des hystériques et des neurasthéniques, la partie atteinte n'était ni le sentiment ni l'intelligence — l'un et l'autre en tous cas ne sont atteints que secondairement et par contre-coup — mais alors il ne reste plus qu'une partie qui puisse être affectée par la maladie : c'est la région qui dirige l'activité, à savoir le caractère, et qui comprend l'aptitude à agir, l'aptitude à résister, l'aptitude à maintenir, toutes fonctions parfaitement distinctes des fonctions intellectuelles et morales et non moins distinctes l'une de l'autre, comme le prouvent tant de faits de la pathologie nerveuse et mentale.

A la vérité, la fonction lésée n'est pas la même chez toutes les malades. Les unes pécheront surtout par une disposition exagérée à agir : le désir n'est pas plutôt éveillé en elles qu'il veut être satisfait avant toute délibération et toute ratification de l'intelligence : ce sont des impulsives, dont les dispositions cérébrales se traduisent très souvent au dehors par les symptômes caractéristiques de quelque affection de la motilité. Au point de vue moral, elles sont instables, passionnées, violentes. Chez elles les centres d'action, insuffisamment contenus par les centres d'inhibition, sont en éréthisme continuel, toujours prêts à fonctionner. Ce sont des machines sous vapeur, en quelque sorte, ou de ces mécanismes sans stabilité qu'un souffle suffit à mettre en branle.

D'autres, à l'opposé de celles-là, pécheront bien plus par un défaut de résistance que par un excès d'activité. Ce sont des déprimées, des valétudinaires, des malades à infirmités pénibles, des névropathes à névroses douloureuses. Ce n'est pas chez elles, comme chez les précédentes, la violence des désirs qui détermine leur chute, c'est bien plutôt l'impuissance à résister à une tentation, dès que cette tentation devient intense. Ici, comme dans le cas précédent, le physique se charge de trahir le moral. Quiconque a observé une neurasthénique vraie, connaît cette lassitude invincible, cette impuissance à agir, cette aboulie qui caractérise la malade. C'est une inerte qui passe volontiers ses journées au lit ou dans un fauteuil jusqu'au jour où, sous le coup de fouet d'une circonstance imprévue, elle se redresse pour se livrer momentanément à une agitation désordonnée.

A ces deux classes d'impulsives et de non résistantes, s'en joint une troisième, formée en quelque sorte par une combinaison des deux premières. Et c'est peut-être la classe la plus nombreuse.

Quantité de natures impulsives, de femmes faciles à émouvoir et à exciter, ont cependant par nature ou par éducation assez de pouvoir sur elles-mêmes pour ne pas succomber à une tentation même très forte. Mais qu'il survienne dans leur existence tel accident physique ou moral capable de déterminer chez elles une dépression qui sera toujours à la fois physique et morale, et au grand étonnement de leur entourage on les trouve un jour sans force contre des impulsions parfois médiocres.

C'est donc à notre avis dans le caractère, si nous

comprenons sous ce nom les fonctions d'exécution contenues dans notre système cérébral, qu'il faut chercher l'explication du vol de tant d'hystériques et de neurasthéniques.Là est sans nul doute le point faible de leur organisation. Ce qui n'empêche pas, bien entendu, que les autres parties du cerveau ne puissent être momentanément troublées. Il est toujours difficile de limiter exactement à telle ou telle fonction le désordre maladif, quand ces fonctions sont aussi intimement unies qu'elles le sont dans un appareil comme le cerveau, et nous savons de reste que l'hystérie comme la neurasthénie sont des maladies qui, tout en affectant surtout les fonctions de la sensibilité et de l'activité, affectent toujours dans une certaine mesure celles du sentiment et de l'intelligence.

Cette sorte de malades n'est pas seulement tout aussi apte que les débiles, les démentes ou les folles à subir la griserie spéciale du grand magasin — la magasinite — mais c'est chez elle, chez l'hystérique en particulier, que se rencontre ce phénomène maladif de l'obsession — phénomène moral plus encore que mental — dont la connaissance nous permet de nous rendre compte de ce qu'il y a peut-être de plus extraordinaire dans la conduite de nos voleuses, à savoir la tendance à la récidive.

Si quelque chose est capable de dérouter les notions acceptées en matière de conscience et de responsabilité, c'est bien assurément ce fait inouï de femmes intelligentes et honnêtes qui, ayant succombé une première fois, loin de faire tout au monde pour ne pas succomber une seconde, semblent n'avoir plus d'autre pensée que celle de recommencer. On comprend de reste que les magistrats ayant à apprécier de tels faits hésitent avant d'accepter l'idée de maladie et de repousser l'idée d'improbité. La femme est intelligente, elle a conscience de ses actes, elle comprend à merveille le danger qu'elle court, et elle ne serait pas responsable de ses vols ? On admet à la rigueur une faiblesse, mais on n'admet pas une suite ininterrompue de faiblesses. La femme qui, dans le grand magasin, a senti qu'elle n'était pas de taille à résister aux séductions qui l'entourent n'a qu'une chose à faire, dira-t-on : c'est de ne jamais remettre les pieds dans le grand magasin, car s'il y a des maladies qui font d'elle une sorte de femme grise dès qu'elle est dans l'antre, il n'y en a pas, sans doute, qui l'obligent à y aller.

Ce raisonnement que j'ai entendu tant de fois, je

l'ai tenu, moi aussi, au début de ma carrière d'expert et je n'affirmerai pas qu'à l'occasion je ne le tiendrai pas encore en certains cas déterminés. Mais en combien d'autres n'est-on pas forcé de penser autrement ! C'est là une question d'expérience contre laquelle aucun raisonnement ne peut prévaloir. Oui, il y a des femmes au cerveau malade, des hystériques principalement, dans l'esprit desquelles l'image du grand magasin prend une telle place qu'y retourner devient leur principale, presque leur unique préoccupation, et qui, après y avoir volé une première fois, ne songent plus qu'à y voler de nouveau. Pour certaines, cette visite délictueuse est une volupté à laquelle rien ne peut se comparer, et ce sont celles-là qui, lorsqu'elles se sont laissé prendre, nous disent à notre profonde stupéfaction, en versant toutes les larmes de leur corps : que la vie n'a plus d'attrait pour elles ; qu'elles n'ont plus de joie à espérer depuis qu'il leur est interdit de retourner au grand magasin. Pour d'autres, l'obsession se présente avec des caractères différents. Ce n'est pas avec joie qu'elles vont au grand magasin et qu'elles y vont quand même, comme si une force invincible les y obligeait. Quelles luttes effrayantes se passent alors dans l'intimité de ces cerveaux, c'est ce que seuls connaissent ceux qui ont reçu la confession des intéressées. J'ai cité, si je ne me trompe, le cas de cette femme hystérique, si remarquable à tant d'égards, dont toute la vie n'avait été que sacrifice et dévouement, qui à près de soixante ans, prise de ce démon du grand magasin, avait en quelques mois complètement dépéri dans cette lutte invraisemblable. J'ai cité le cas de cette autre qui avait fini par ne plus trouver de remède contre ses impulsions que dans le suicide, et qui, voulant cependant se conserver pour son enfant, âgé d'une douzaine d'années, s'était résolue à faire à ce petit être l'aveu de ses fautes et à lui confier sa résolution, afin qu'il la gardât contre elle-même. Que d'autres faits ne pourrions-nous citer qui prouvent jusqu'à l'évidence qu'en certains cas la femme n'est vraiment plus maîtresse d'elle-même et que, si intelligente et si consciente qu'elle paraisse, elle est condamnée à subir le sort qui lui est fait par la maladie.

Et comme on comprend que sur de telles malades la crainte des châtiments soit sans action ! Il en est qui récidivent dès leur sortie de prison ; il en est d'autres qui semblent d'abord plus résistantes —

nous en avons vu qui se défendaient durant plusieurs années ; — mais le jour vient tôt ou tard où l'impulsion maladive l'emporte sur la peur de la prison et où la femme retombe dans son péché. J'en ai vu une qui, jouissant d'une petite aisance mais emportée par le démon du grand magasin, avait résisté cinq ans après une première condamnation avant de reprendre le chemin du Bon-Marché ou du Louvre, et y soustraire un bout de ruban de 1 fr. 50. On ne peut douter que pour nombre de ces natures anormales il n'en soit comme pour ces animaux sur lesquels certains phénomènes naturels, le feu par exemple, exercent une si étrange fascination. Il faut qu'elles se précipitent quand même à leur perte, en dépit de toutes les leçons de l'expérience. On en voit qui sortent de chez elles encore hésitantes, puis qui se dirigent vers le grand magasin comme poussées par une puissance irrésistible, qui en font une première fois le tour sans y entrer et recommencent deux et trois fois avant de franchir le seuil ; qui souvent ne font qu'entrer et sortir comme épouvantées de ce qu'elles ont fait, puis qui reviennent encore et ne succombent qu'après une résistance acharnée.

A tout prendre, entre nos deux grandes catégories

de malades — les hystériques et les neurasthéniques — la plus méconnue est encore celle des neurasthéniques. L'hystérique jouit au moins d'une
certaine possession d'état. Son impulsivité n'est
guère contestée, ses tendances à l'idée fixe et à l'obsession sont trop souvent mises en lumière par les
médecins pour que son cas n'appelle pas quelque
indulgence, encore qu'elle raisonne admirablement. On se méfie d'elle, parce qu'on la croit
menteuse et simulatrice, mais, en principe, on
accepte qu'elle est malade.

Infiniment moins favorable est la position de
la neurasthénique, cette femme qui non seulement
n'est pas poussée à agir, mais qui est plutôt
poussée à ne pas agir. Comment expliquer qu'elle
vole ?

Observons d'abord que si cette griserie dont
nous avons parlé s'exerce sur quelque femme malade, c'est bien sur celle-là, qui est affaiblie physiquement et moralement. De même que quelques
gouttes d'une boisson alcoolique la griseront plus
sûrement et plus vite que toute autre, de même le
grand magasin l'étourdira plus facilement. Mais
cela n'explique pas tout.

N'oublions pas que la neurasthénique est une

malade dont l'affection a pris naissance dans de longues souffrances physiques ou morales, souffrances où son énergie, sa puissance de résistance s'est peu à peu épuisée. Il en est de nos forces cérébrales comme de nos forces physiques : un moment vient où l'organe dont on a abusé ne fonctionne plus. Eh bien, s'il existe dans notre appareil cérébral, comme on n'en peut douter, un centre d'inhibition ou d'arrêt, tout autant chargé de modérer nos mouvements musculaires que nos impulsions instinctives, il faut bien admettre que cet organe là est tout aussi capable qu'un autre de se fatiguer, et de devenir, pour un temps au moins, impropre à l'action. Il n'est pas de neurasthénique qui ne dise qu'un des côtés les plus douloureux de sa situation est qu'elle est devenue incapable de se contenir, de se maîtriser ; qu'elle obéit comme une enfant à toutes ses impulsions ; qu'elle donne à rire d'elle à son entourage par ses caprices ridicules. Si elle est ainsi c'est parce qu'antérieurement elle ne s'est que trop contenue et trop dominée et qu'elle a perdu, momentanément au moins, tout ce qu'il y avait en elle de force morale pour résister. Nous ne voyons pas d'autre explication — et celle-là nous semble suffisante — à l'acte

de la neurasthénique qui vole dans un grand
magasin. Elle a épuisé dans quelque longue maladie, dans quelque opération aux suites douloureuses, dans quelque chagrin profond et prolongé,
tout ce qu'elle possédait de pouvoir sur elle-même
et le jour où elle pénètre dans le grand magasin,
elle est livrée sans défense à toutes les tentations
qui l'entourent. Que de fois ne nous a-t-on pas dit :
« Quel rapport y a-t-il entre le chagrin, causé par
exemple par la perte d'un enfant, et un vol dans
un grand magasin ? » Ce rapport, le voilà. Il va
de soi que si l'on s'en tient à l'antique et respectable conception d'une âme spirituelle, jouissant,
en même temps que de la notion du bien et du mal
d'une puissance de résistance infatigable à l'égard
de toutes les tentations, notre explication ne vaut
rien ; mais si l'on croit que l'âme n'est que
l'ensemble des fonctions du cerveau et que celles-
ci doivent par conséquent être astreintes à toutes
les infirmités des fonctions corporelles, notre
interprétation n'est peut-être pas sans valeur et
scientifiquement inacceptable.

Il va sans dire que, lorsque nous parlons d'hystérie et de neurasthénie, il ne s'agit pas de nous en
rapporter purement et simplement aux dires des in-

téressés. L'une et l'autre maladie comportent des signes caractéristiques, tant physiques que mentaux, que l'expert devra rechercher, de même qu'il devra se livrer à une enquête sérieuse aussi bien auprès des parents qu'auprès des médecins qui ont traité la malade. Sauf peut-être dans le cas de neurasthénie traumatique, l'affection n'apparaît pas subitement ; et pour s'assurer de sa réalité, rien ne vaut comme de pouvoir la suivre u. ^{fici} ses progrès successifs jusqu'à l'état de maladie confirmée. Il n'est pas aujourd'hui beaucoup plus difficile d'affirmer devant un tribunal qu'une malade est hystérique ou neurasthénique que d'assurer qu'elle est phtisique ou diabétique, et si, d'autre part, il est impossible de ne pas considérer les deux affections comme des affections cérébrales capables d'exercer une influence directe sur les actes, on ne voit pas pourquoi les malades de cette sorte seraient traitées avec plus de rigueur que les imbéciles ou les démentes.

Pas plus d'ailleurs dans ce cas que dans les autres, il n'est guère facile d'établir une règle absolue en ce qui concerne la responsabilité pénale. Là comme ailleurs il y a des cas douteux, intermédiaires, qu'on ne peut trancher qu'avec infiniment

de prudence. Quant aux autres, aux cas non douteux, j'estime que toute hystérique ou neurasthénique poursuivie pour la première fois doit être
tenue pour irresponsable. A ce moment-là elle n'a
pas encore mesuré sa force de résistance et elle
est très excusable. Si elle se fait prendre une
seconde fois, je ne verrais aucun inconvénient à
ce qu'elle soit condamnée, mais en la faisant béné-
ficier de la loi de sursis ; ce serait un moyen de
s'assurer jusqu'à quel point elle est capable de se
maîtriser — il en est plus d'une en effet que cette
crainte de la peine constamment suspendue sur sa
tête a maintenue dans le devoir. A la seconde récidive un examen plus sérieux s'impose : il y a alors
à rechercher si l'on est en présence d'une malade
incoercible ou simplement d'une personne qui,
tout en présentant des symptômes maladifs,
cherche à tirer parti de la situation. Au surplus,
en cette affaire, l'important, nous le répétons, est
bien moins d'établir dans quelle mesure il convient de punir — ce qui est la besogne du juge
— que de montrer si on a, oui ou non, affaire à des
malades, ce qui est la mission de l'expert.

IV

Pour achever ce chapitre des interprétations il nous reste quelques mots à dire des cas dans lesquels l'excuse des inculpées est tirée des simples accidents physiologiques dus à leur sexe : menstruation, grossesse, allaitement, ménopause. Il n'est pas d'expert qui n'ait eu à constater comb : de doutes existent encore dans l'esprit des magistrats en cette matière de l'influence exercée sur les actes de la femme par ces accidents auxquels elle est sujette, périodiquement ou non. Il n'en est pas à qui l'on n'ait posé cette question : « Est-ce que *toutes* les femmes qui ont leurs règles ou sont grosses sont exposées à voler au Bon-Marché ou au Louvre ? » Et tous ont dit *non*. Mais il n'en est pas moins vrai qu'il existe des femmes, autrement faites que les autres évidemment, qui sont incapables en temps de règles ou de grossesse de dominer leurs impulsions . S'il est un préjugé populaire qui mérite d'être pris en considération, c'est sans aucun doute celui-là. Comme la plupart des préjugés de cette sorte il est fondé sur des observations séculaires qui peuvent être mal interprétées, mais dont la réalité n'est pas discutable.

S'il y a hésitation à cet égard dans l'esprit de nombre d'hommes cultivés, c'est qu'ils se laissent trop dominer par la conception classique dont on les a imprégnés en leur jeunessse que l'esprit est toujours maître du corps et n'a pas à se laisser commander par lui. Ils sont convaincus sans doute, sur la foi de je ne sais quel philosophe, que l'homme est une intelligence servie par des organes. Mais c'est là une formule dont il faut singulièrement rabattre quand on considère les choses comme elles sont ; et l'on serait presque tenté de dire que c'est précisément le contraire qui est vrai, et que l'homme n'est en réalité qu'un organisme plus ou moins mal servi par l'intelligence.

Ce qu'il y a de certain, c'est qu'en pénétrant dans un asile d'aliénés on peut y voir à quel point le corps domine l'esprit et dans combien de cas le trouble mental n'est qu'une conséquence du trouble physique. On ne compte pas le nombre de femmes devenues folles au moment de la ménopause, au moment de la formation, pendant une

grossesse, aussitôt après l'accouchement . Il en est
dont les troubles délirants reviennent régulièrement tous les mois avec le trouble menstruel —
j'ai actuellement deux cas de ce genre dans mon
service. On dira que l'on a affaire ici à des femmes
prédisposées, peu équilibrées, chez lesquelles de
tout autres causes auraient pu déterminer la folie.
Soit, mais ces déséquilibrées, ces prédisposées
n'existent-elles que dans les asiles ? Qu'on nous
montre donc dans le monde la femme parfaitement
équilibrée et capable de résister à toutes les secous-
ses morales ou physiques. Il n'y a là en réalité
qu'une question de degré. Ce qu'on rencontre dans
les asiles ce sont les cas extrêmes· Les autres courent les rues·

Il va de soi que si de simples accidents physiologiques chez la femme peuvent déterminer des
troubles psychiques qui vont jusqu'à la folie vraie,
ils peuvent à plus forte raison provoquer en elle,
sous l'influence d'une excitation spéciale, des troubles mentaux passagers, très capables de faire d'elle
une délinquante. Encore une fois nous n'entendons
pas par là que toute femme à l'époque de la ménopause, en état de grossesse, ou au moment des règles doit être déchargée, quand elle vole, de toute

responsabilité. Mais nous demandons qu'elle soit toujours examinée au point de vue mental.

Si elle est à l'époque de la ménopause on a grande chance de recueillir dans son histoire présente mille traits qui prouvent le désordre de son esprit. Son humeur a changé ; elle est devenue colérique, violente, impulsive ; elle a des absences, elle commet des oublis incompréhensibles ; elle accuse des étourdissements, peut-être même des accidents plus sérieux. C'est en somme une congestive avec toutes les conséquences de son état maladif. Avant de commettre un vol au grand magasin, elle a donné des preuves sans nombre de la déséquilibration de ses facultés.

S'il s'agit d'une femme grosse ou d'une femme en état cataménial, il importe surtout de voir ce qu'elle est en dehors de ces conditions exceptionnelles. Il est facile de comprendre qu'une femme peu équilibrée d'ordinaire sera très déséquilibrée sous l'influence de la grossesse ou du flux menstruel : beaucoup de ces femmes grosses qui volent sont des hystériques. D'autre part, on sait combien l'état de grossesse excite chez la femme l'instinct conservateur, le désir d'acquérir et d'amasser, quelquefois même sans but — le fait n'est pas particu-

lier à la femme, puisqu'il se trouve à un degré supérieur dans toute l'échelle de l'animalité. Quoi
d'étonnant donc qu'une femme, habituellement
peu maîtresse d'elle-même, se laisse entraîner sous
l'influence de préoccupations si absorbantes et si
personnelles à soustraire quelque objet dans un
grand magasin ? A ce qu'elle vole d'ailleurs, et à la
manière dont elle vole, il est parfois aisé de reconnaître qui a volé. Il n'est pas impossible qu'elle
vole des objets de coquetterie pure, mais ce qu'elle
vole d'ordinaire ce sont des objets de layette,
D'ailleurs aucune préméditation. Elle est entrée
dans le magasin pour acheter un objet déterminé,
et c'est en passant devant un étalage que son désir
s'est allumé subitement pour quelque futilité sans
valeur, sur laquelle elle se précipite comme si elle
redoutait qu'on ne vienne la lui prendre. Et, le
plus souvent, l'objet n'est pas plus tôt en sa
possession qu'elle n'y pense plus.

Dans les quelques cas où nos délinquantes allé-
guaient le trouble mental causé par le flux menstruel, nous avons presque toujours rencontré en
elles des hystériques, dont l'excitation au moment
des règles allait jusqu'à la folie. Nous avons cité
le cas de cette riche étrangère hystérique que son

mari séquestrait chez lui tous les mois pendant le temps nécessaire et qui, une fois, ayant trouvé le moyen de s'échapper, n'avait rien eu de plus pressé que d'aller voler. Nous avons encore raconté l'histoire de cette jeune fille également hystérique, qui, entrant dans un magasin en pleine période menstruelle, chargeait son panier de coupons de dentelle, rentrait chez elle pour le vider et retournait au grand magasin pour recommencer. Il est donc certain qu'il y a des femmes nerveuses, déséquilibrées, hystériques qui, au moment des règles, sont incapables de se dominer et qu'il faut par conséquent traiter en malades inconscientes de leurs actes. Ici comme dans le cas de la grossesse et de la ménopause, l'important est de ne pas s'en rapporter exclusivement à l'intéressée et de s'assurer qu'elle dit vrai ; mais c'est là le métier de l'expert.

V

Le but que nous nous proposions dans ce travail était, comme nous l'avons dit au début, de poursuivre l'œuvre de Lasègue et de mettre en évidence que nombre de femmes qui volent dans les grands magasins sont des malades tout aussi intéressantes que les malades affaiblies dans leurs facultés dont Lasègue a exclusivement parlé. Si nous avons particulièrement insisté sur les hystériques et les neurasthéniques qui, parmi les voleuses de grands magasins, forment le gros bataillon, c'est que de toutes ces malades ce sont certainement celles dont la mentalité semble, de prime abord, le moins atteinte. Après avoir exposé des faits, nous avons cherché à en donner une interprétation satisfaisante.

Cependant nous n'avons pas terminé. Toute question de médecine légale est toujours plus ou moins une question sociale. Il s'agit dans tous les cas de rechercher de quelle manière on préservera la société du délinquant, soit qu'on lui inflige un châtiment s'il est considéré comme responsable de ses actes, soit qu'on le laisse libre ou qu'on l'envoie dans un asile d'aliénés s'il est considéré comme irresponsable. Si la question de médecine légale que soulèvent les vols dans les grands magasins est, comme on en peut juger par ce qui précède, spécialement compliquée, il s'en faut que tout soit dit parce qu'on aura décidé que la voleuse est *oui* ou *non* responsable. Le vol dans les grands magasins se présente sous un tout autre aspect qu'un vol quelconque. En tout délit il y a d'ordinaire un délinquant coupable et une victime innocente. Mais ici la victime est presque aussi coupable que le délinquant. La femme vole, mais c'est le magasin qui la pousse à voler, qui dresse le piège auquel elle succombe. N'y a-t-il pas là une situation nouvelle et qui mérite de fixer l'attention des pouvoirs publics.

Je ne referai pas ici l'exposé que j'ai fait dans un précédent chapitre des dangers évidents qu'offre l'organisation du grand magasin pour beaucoup de femmes, qu'elles soient malades et sans résistance aucune, ou qu'elles soient simplement faibles de caractère et de résistance insuffisante. Je me bornerai à rappeler que dans ces magasins il semble qu'il n'y ait jamais de vol à craindre tant la surveillance y est mystérieuse et dissimulée. Autour du comptoir chacun fouille et manipule à loisir et l'employé n'a d'autre fonction que de mener la cliente à la caisse quand elle a trouvé ce qu'elle désire. De surveillance sérieuse il n'en exerce pas. Cette surveillance est confiée à un petit nombre d'inspecteurs qui habilement cachés observent de haut les allées et venues des clientes, suivent autant que possible celles qui volent dans les dédales du magasin et vont les rejoindre à la sortie pour les inviter à les suivre chez le commissaire de police. Comment en de telles conditions, nombre de femmes parmi celles dont nous avons parlé ne succomberaient-elles pas à la tentation de voler, alors que l'atmosphère ambiante a exercé sur elles son action capiteuse, que le vol leur apparaît si facile, qu'elles se croient si sûres de l'impunité ? Je me demande en vain à quoi tend cette absence de surveillance ostensible, sinon à créer des voleuses, car ce n'est pas la présence d'inspecteurs visibles qui empêchera aucune cliente d'acheter. Veut-on donner à croire que personne ne vole dans le grand magasin ou bien qu'on n'y surveille point les voleuses ? Il y a là un piège de plus tendu aux natures maladives, et je me demande, avec beaucoup d'autres, s'il est honnête et sensé d'agir ainsi.

Mais il y a plus. Le grand magasin ne crée pas que des voleuses d'occasion. Il crée, et en grand nombre, des professionnels qui, profitant des facilités données au vol, se font une spécialité du grand magasin. Le hasard des expertises m'a mis un jour en présence d'un tout jeune homme enrôlé dans une bande qui ne faisait que le grand magasin et en vivait largement. Avec un peu de perspicacité, en effet, on est vite au courant des habitudes de la maison, du nombre et de la figure des inspecteurs, des points où ils se dissimulent, des endroits plus spécialement surveillés, et avec tant soit peu d'audace on arrive assez rapidement à se faire une jolie situation comme voleur ou voleuse de grands magasins.

Je ne citerai que pour mémoire toute une catégorie d'autres vols qui se pratiquent dans les grands magasins, mais ceux-là, il est vrai, aux dépens des clientes ; vols de réticules, de porte-monnaie, ou même d'objets déjà achetés que la cliente dépose sur le comptoir pendant qu'elle en choisit d'autres, et que subtilisent d'habiles artistes. On ne saura jamais le nombre de vols commis chaque jour dans nos grands magasins. Que les intéressés y trouvent encore, tout compte fait, leur avantage, la chose est fort possible, mais il est permis de se demander si, au point de vue de la morale publique, un tel état de choses n'offre rien de répréhensible et n'appelle pas quelque remède.

Mieux vaut prévenir que punir, dit la sagesse des nations. C'est à prévenir les vols bien plus qu'à les punir que devrait tendre l'organisation du grand magasin, et pour cela il suffirait que la police fût à la fois plus nombreuse et plus apparente, qu'elle fût même reconnaissable à certains insignes. Que de femmes s'arrêteraient au moment de prendre, ou déposeraient l'objet pris au moment de l'emporter si elles voyaient apparaître, même dans le lointain, la silhouette de l'inspecteur ! Nombre de voleuses, au moment d'accomplir leur méfait sont dans un tel état de surexcitation — je parle ici des malades — qu'aucune considération d'ordre moral ne serait capable de les arrêter. Mais que surgisse tout à coup quelque image matérielle, même symbolique, et j'estime que beaucoup seraient rappelées à la réalité.

Il est encore dans la règle actuelle une pratique dont nous ne comprenons pas la nécessité. Que le grand magasin fasse en sorte qu'il soit volé le moins possible — rien de plus juste — mais est-il nécessaire pour cela de mettre aussi fréquemment en branle l'appareil de la justice ? Il semble qu'on ait moins en vue d'empêcher un dommage que de poursuivre des délinquants. Quel mal verrait-on à ce que l'inspecteur qui a surpris une voleuse l'invitât à aller à la caisse payer l'objet soustrait

plutôt que de l'inviter à le suivre chez le commissaire ? Qu'y perdrait le grand magasin ? Dira-t-on
que ce serait encourager le vol ? Mais est-il bien sûr
que les professionnelles — les seules délinquantes
vraiment dangereuses — n'y perdraient pas ?

Quoi qu'il en soit, on ne peut nier qu'il n'y ait
quelque chose à faire. Il est possible que les pouvoirs publics estiment qu'il ne leur appartient
pas de se mêler de l'organisation intérieure des
grands magasins. Mais les grands magasins n'ont-
ils pas recours à la police et à la justice, c'est-à-dire
aux pouvoirs publics, pour les défendre ? C'est
bien le moins, ce semble, qu'ils répondent aux services rendus par quelques sacrifices. En cas de
refus de leur part, et faute de mieux, nous verrions
sans alarme que les pouvoirs publics fissent grève
en quelque sorte et que police et justice se montras-
sent d'une indulgence toute maternelle envers les
coupables.

LYON

IMPRIMERIE A. STORCK ET Cie

Rue de la Méditerranée, 8

www.ingramcontent.com/pod-product-compliance
Lightning Source LLC
Chambersburg PA
CBHW061013280326
41935CB00009B/943